MIRELA UND ANDRÉ STANLY

Unnützes Wissen KÖLN

711 ERSTAUNLICHE FAKTEN

emons:

MIX
Papier aus verantwortungsvollen Quellen
FSC® C010135

Druck und Bindung: B.O.S.S Druck und Medien GmbH, Goch
Gestaltung und Produktion: Weusthoff Noël, Kommunikation.Design
Köln/Hamburg, Ralf Reiche, www.wnkd.de
Printed in Germany 2012
ISBN 978-3-89705-940-5
Originalausgabe

»WISSEN IST MACHT, UNNÜTZES WISSEN MACHT SPASS«!

ES GIBT BÜCHER ÜBER KÖLN, über Kölns Kirchen, über 111 Kölner Orte, die man gesehen haben muss, über den Dom, über alle Stadtteile, den Kölner Karneval, und, und, und …

Und jetzt gibt es auch ein Buch mit unnützen Fakten über Köln. Einfach, knapp, unverschnörkelt, ohne viel Blabla. Unnütz, aber nicht nutzlos.

Und manche Fakten darin scheinen nur auf den ersten Blick unnütz. Wie zum Beispiel, dass man **»VOM CHLODWIGPLATZ AUS IN SIEBEN GEHMINUTEN 20 BÄCKEREIEN ERREICHT«.**

Wenn Sie nämlich zufällig gerade an der Haltestelle Chlodwigplatz stehen, die nächste Straßenbahn in zehn Minuten kommt und Sie plötzlich Heißhunger auf ein belegtes Röggelchen mit Schinken und Käse verspüren, dann wissen Sie, dass Sie innerhalb von sieben Minuten sicher in einer der 20 Bäckereien rund um den Chlodwigplatz so etwas finden werden. Und Ihre Straßenbahn noch mit Leichtigkeit bekommen.

Auch dieser Fakt wirkt zunächst total unnütz:
»COLONIA IST HAUPTSTADT DER MIKRONESISCHEN INSEL YAP.«

Wahrscheinlich werden Sie nie in Verlegenheit kommen, in die Nähe dieser karg besiedelten Insel im Pazifischen Ozean zu gelangen. Wozu also könnten Sie diesen Fakt gebrauchen? Stellen Sie sich aber vor, Sie sind eines Tages auf einer Party, bei der jemand mit seinen Köln-Kenntnissen prahlt und »Insiderwissen« aus dem Baedeker zum Besten gibt, dann werfen Sie doch einfach mal diesen Fakt in die Runde! Mal sehen, was er darauf zu erwidern weiß. Und dann treten Sie noch mit einem **»IN WIEN SAGT MAN ÜBRIGENS ZUR MÜLLABFUHR COLONIA«** nach. Schachmatt.

Und genauso kann es Ihnen mit den **709 WEITEREN FAKTEN** in diesem Buch ergehen:

Was Sie mit ihnen anfangen, bleibt Ihnen überlassen: ob Sie darüber staunen, darüber lachen, damit angeben oder sie einfach als leichte Lektüre auf der Toilette griffbereit haben.

Wir wünschen viel Spaß, denn »Wissen ist Macht, unnützes Wissen macht Spaß«!

001 // Im Hollywood-Film ***»A-Team«*** aus dem Jahr 2010 wird eine Luftaufnahme von Frankfurt gezeigt. Darauf sind aber ganz deutlich der ***Kölner Hauptbahnhof*** und der ***Kölner Dom*** zu sehen.

002 // Die Kölner Firma, die ***»Klosterfrau Melissengeist«*** herstellt, vertreibt auch ***»Condomi«-Präservative***.

003 // ***Rafael und Sylvie van der Vaarts*** Sohn Damián hat auf der Hohenzollernbrücke ein eigenes Schloss hängen.

004 // In den Niederlanden wurde von 2005 bis 2006 ein ***»Maria Dettelbacher Kölsch Bier«*** gebraut, auf dessen Etikett der Spruch »Schaffe, schaffe, Häusle bauen!« stand.

005 // DIE TURMSPITZE DER KIRCHE ST. SEVERIN WURDE DEM ATOMIUM IN BRÜSSEL NACHEMPFUNDEN.

006 // ***»Colonia«*** nennt man in Wien die Müllabfuhr.

007 // Die Müllabfuhr heißt bis heute in Wien so, weil die Stadt Köln die erste war, die ein ***Sammelsystem von geschlossenen Müllgefäßen*** im deutschsprachigen Raum einführte.

Katholische Pfarrgemeinde
St. Severin

HUMANIC
WWW.SHOEMANIC.COM

008 // »C&A«, »GLOBETROTTER« UND »HUMANIC« HABEN IHRE EUROPAWEIT GRÖSSTEN FILIALEN IN KÖLN.

---

009 // Der Ausdruck ***»Bierbauch«*** wurde im deutschsprachigen Raum zum ersten Mal in Köln verwendet.

010 // ***Henry Maske*** ist Franchisenehmer von fünf McDonald's-Restaurants in Köln und weiteren fünf im Kölner Umland.

011 // Im ehemaligen finsteren Rotlichtviertel ***im Stavenhof*** befindet sich heute das ***Dunkelrestaurant »unsicht-Bar«***, dessen Werbeslogan lautet: »schmecken! riechen! fühlen! hören!«

012 // Der Student Sven Goebel baute ein begehbares Wohnhaus aus ***260.000 Gaffel-Kölsch-Bierdeckeln***.

013 // Der Dom ist ungefähr so hoch wie ***26 Giraffen***.

014 // Die ***»Miss Köln«*** von 2008 kommt aus Düsseldorf.

015 // Eine Pizza ***»Top Model«*** kostet in Giovanni Zarrellas Restaurant in Rodenkirchen 10,50 Euro.

016 // Die Innenaufnahmen für ***»Die fabelhafte Welt der Amélie«*** wurden in Ossendorf gedreht.

017 // DER AUS »DAS SUPERTALENT« BEKANNTE WASSERSPUCKER DICKSON OPPONG ZEIGT SEINE KUNSTSTÜCKE SEIT 2005 AUF DER DOMPLATTE. AUS LUFTIGER HÖHE SEHEN IHM DABEI DIE 108 WASSERSPEIER AM DOM ZU.

---

018 // Direkt neben dem ***Bestattungsunternehmen*** Leo Kuckelkorn auf der Luxemburger Straße befindet sich die Praxis einer ***Hebamme***.

019 // Vier von fünf Kölnern ***lieben ihre Stadt***.

020 // Der Kinderchor, der auf der Hit-Single ***»Geboren um zu leben« von Unheilig*** zu hören ist, ist der Jugendchor St. Stephan aus Köln.

021 // Im Jahr 2011 war auf Google Street View in der Severinstraße noch immer das ***Stadtarchiv*** zu sehen.

022 // Das erste Vereinslied des FC »Dir, 1. FC Köln« wurde vom ***ersten Eigentorschützen des FC*** geschrieben.

023 // Colonia ist ***Hauptstadt*** der mikronesischen Insel Yap.

024 // Die ***kürzeste Karnevalssession*** dieses Jahrhunderts war im Jahr 2008 (Aschermittwoch am 6. Februar).

025 // Der ehemalige Marketingdirektor des Schokoladenmuseums, Martin van Almsick, ist der Erfinder der ersten ***Kamelmilchschokolade*** der Welt.

026 // IM RHEINPARK GIBT ES EINEN SCHNULLERBAUM. KINDER KÖNNEN IHRE SCHNULLER AN DEN BAUM HÄNGEN, UM SICH LEICHTER DAVON ZU LÖSEN.

027 // ***Im Kölner Dreigestirn*** des Jahres 1881 hieß der Darsteller der Jungfrau mit Nachnamen ***Junkermann***.

028 // AM 11.11.11 WAREN ES UM 11.11 UHR IN DER KÖLNER INNENSTADT 11 GRAD CELSIUS.

---

029 // Auf einem herkömmlichen Handy tippt man für das Wort ***»Köln« die Ziffernfolge 5656***.

030 // ***Die erste Rolltreppe Deutschlands*** wurde 1925 im Kaufhaus »Tietz« (heute »Galeria Kaufhof«) in der Hohe Straße in Köln installiert.

031 // Würde man von Köln aus ein ***Loch durch den Mittelpunkt der Erde bohren***, käme man auf der anderen Seite mitten im südwestlichen Pazifik in einem entlegenen stürmischen Seegebiet heraus. Der nächste bewohnte Ort ist 811 Kilometer nördlich die neuseeländische ***Insel Pitt Island*** mit 50 Einwohnern.

032 // Beim von Grünen und Roten aufgestellten Oberbürgermeister ***Jürgen Roters*** kann man aus vier Buchstaben seines Vornamens das Wort »grün« und aus drei Buchstaben seines Nachnamens das Wort »rot« bilden.

033 // WER BEIM ROSENMONTAGSZUG VON GEWORFENEN SÜSSIGKEITEN GETROFFEN UND VERLETZT WIRD, HAT KEIN RECHT AUF SCHMERZENSGELD.

034 // ***Eselsbrücke***, um sich die Kölner Ring-Plätze Ebertplatz, Friesenplatz, Rudolfplatz, Zülpicher Platz, Barbarossaplatz, Chlodwigplatz der Reihe nach zu merken: ***E***klige ***f***iese ***R***entner ***z***ertrampeln ***b***unte ***Ch***ristbaumkugeln!

035 // Sieht man aus dem obersten Stock des KölnTurms im MediaPark auf den Südturm des Kölner Doms, blickt man genau ***Richtung Mekka***.

036 // Die Entfernung Köln – Mekka beträgt ***4.348,837 Kilometer*** Luftlinie.

037 // AN EINEM EINZIGEN EINKAUFS-SAMSTAG SAMMELN SICH AUF DER HOHE STRASSE 100 VOLLE MÜLLSÄCKE ZU JE 60 LITER.

100

038 // ***Willy Millowitsch***, der auch in seichten Filmen wie »Otto ist auf Frauen scharf« oder »Frau Wirtin bläst auch gern Trompete« zu sehen war, spielte in dem US-Film »Hilfe, die Amis kommen« die Rolle des ***Fritz Spritz***.

039 // Im Nachspann der amerikanischen Komödie »Hilfe, die Amis kommen« wird Willy Millowitsch als ***William Millowitsch*** aufgeführt.

040 // In Ermangelung geeigneter Gebetshäuser durften 1965 ***vierhundert Muslime im Kölner Dom*** ihre Gebetsteppiche ausbreiten und das Ende des Ramadan zelebrieren.

041 // In ***Schloss Wahn*** kann man heiraten.

042 // IN DER STRASSE »UNTER FETTENHENNEN« FINDET MAN DAS GESCHÄFT »SIGNORA MODEN« MIT DAMENBEKLEIDUNG BIS GRÖSSE 52.

043 // Am Ende der Trauerfeier für den koreanischen Fluxus-Künstler ***Nam June Paik***, der lange Jahre in Köln gelebt hatte, wurden Scheren verteilt, und die Trauergäste mussten ihrem jeweiligen Nachbarn die Krawatte abschneiden.

Unter Fettenhennen

044 // IM EHEMALIGEN »4711«-HAUS IN EHRENFELD BEFINDET SICH HEUTE DIE KÖLN-REDAKTION DER ZEITSCHRIFT »11 FREUNDE«.

---

045 // Das Restaurant Odessa in der Straße ***»Im Ferkulum«*** hat als Hauptgerichte »Schweinefilet im Speckmantel« und »Fleischspieß mit mariniertem Schweinefleisch«.

046 // In Köln gibt es ***Fußgängerampeln*** auf Verkehrsinseln, die Rot zeigen, während die Fußgänger am gegenüberliegenden Gehsteig noch Grün haben.

047 // 1811 bekam Köln von ***Napoleon*** vorübergehend ein neues Wappen: drei goldene Bienen über drei gestürzten silbernen Spitzen.

048 // Vom britischen Jagdflugzeug des Typen Hawker Hurricane Mk IIC wurden genau ***4711*** Stück gebaut.

049 // Der Flughafen Köln/Bonn ist als Notlandeplatz für ***Space Shuttles*** der NASA zertifiziert.

050 // Ein ***»Halve Hahn«*** hat 450 Kalorien.

No 4711.

051 // VOR DEM INSTITUT FRANÇAIS

AM SACHSENRING STEHT EIN DODGE DART 69.

Seine Werbeaufdrucke und Sticker ergeben zusammen gelesen die ersten beiden Sätze des Romans »Auf der Suche nach der verlorenen Zeit« von Marcel Proust.

INSTITUT FRANÇAIS
LONGTEMPS

052 // DIE TV-SERIE »LINDENSTRASSE« SPIELT IN MÜNCHEN UND WIRD IN KÖLN GEDREHT. DIE SERIE »MARIENHOF« SPIELT IN KÖLN, GEDREHT WIRD SIE IN MÜNCHEN.

---

053 // Das typische Grün der Kölner Brücken heißt auch ***»Kölner Brückengrün«*** oder »Adenauer Grün«. Es ist die Farbe »Chromoxidgrün« und hat die RGB-Farbzuweisung 57:73:55.

054 // Das Kölner Brückengrün dient außerdem zum Einfärben grüner Glasflaschen. Und die Reisezugwagen der ***Deutschen Reichsbahn der DDR*** waren mit dieser Farbe angestrichen.

055 // In der Saison 1958/59 gab es beim ***1. FC*** ein Aufnahmeritual, bei dem sich die Teamkollegen auf ihr neues Mitglied stürzten, ihm die Hose herunterzogen und ihm auf den Hintern schlugen.

056 // Im Klinikum Merheim in Köln operiert ein Orthopäde Hüften und Knie mit Hilfe seines ***iPods***.

057 // Von 1933 bis 1936 wurde der ***Ford »Köln«*** produziert, er hatte 21 PS und fuhr 85 Stundenkilometer Höchstgeschwindigkeit.

PETER FOX

058 // ZUM KARNEVAL KAUFEN DIE KÖLSCHEN JECKEN 1,5 MILLIONEN KOSTÜME UND 460.000 ACCESSOIRES UND GEBEN DAFÜR 62,5 MILLIONEN EURO AUS.

059 // DIE HAUSNUMMERN IM KÖLNER MEDIAPARK SIND DIE GRÖSSTEN IN KÖLN: ES SIND 2,40 METER GROSSE EDELSTAHLZIFFERN IN DER SCHRIFTART »THESIS«.

060 // Die 24-jährige ***Kölnerin Wilma Elles*** ist in der Türkei ein Superstar. Sie spielte die Hauptrolle in der türkischen Erfolgsserie »Öyle Bir Gecer Zaman Ki« (»Wie die Zeit vergeht«).

061 // Köln hat die weltgrößte ***Pop-Art-Sammlung***.

062 // Der ***Straßenbahnfanatiker*** Roland Frisch fuhr sämtliche 223 Stationen der Kölner Stadtbahn an einem Tag in 15 Stunden und 28 Minuten ab. Dabei las er den Roman »Auf ganzer Linie«, dessen Held die gleiche Wette in London durchzieht.

063 // ***Tom Gerhardt***, der als Tommie in dem Film »Voll normaaal« ein lebenslanges »Köln-Kalk-Verbot« bekommt, wurde am 5. Januar 2011 Ehrenbürger von Köln-Kalk.

064 // Die Melodie der ***FC-Hymne*** ist im Original ein schottisches Volkslied namens »The Bonnie Banks of Loch Lomond« (»Die schönen Ufer des Loch Lomond«).

065 // Das ***Zentrum von Berlin*** hieß bis 1920 Cölln.

066 // Während des Straßenkarnevals werden in ganz Köln mehr als ***150 Millionen Gläser Kölsch*** getrunken.

067 // Laut einer Studie von Men's Health gehen nirgendwo in Deutschland die Damen beim ersten Date so schnell ***mit einem Mann ins Bett*** wie in Köln.

068 // DER DICHTER DER KÖLNER HEINZELMÄNNCHEN-BALLADE, AUGUST KOPISCH, WAR NIE IN KÖLN.

069 // Der EXPRESS hat eine ***PC-Tastatur*** entwickelt, bei der die »Alt«-Taste durch eine »Kölsch 0,2«-Taste und die »Alt Gr«-Taste durch »Kölsch 0,3« ersetzt wurden.

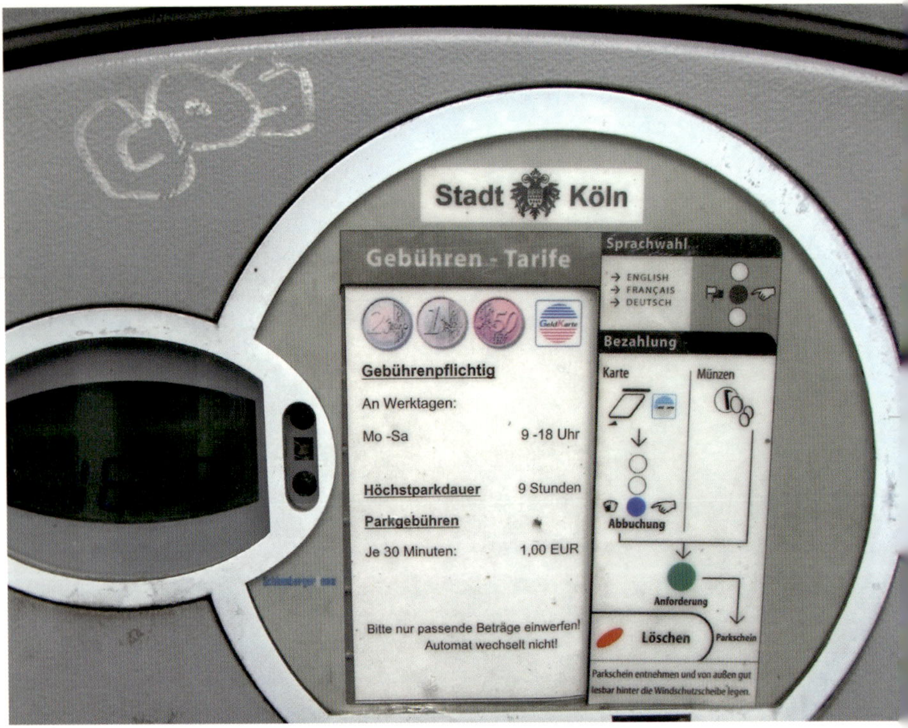
Stadt Köln
Gebühren - Tarife
Gebührenpflichtig
An Werktagen:
Mo -Sa 9 -18 Uhr
Höchstparkdauer 9 Stunden
Parkgebühren
Je 30 Minuten: 1,00 EUR
Bitte nur passende Beträge einwerfen! Automat wechselt nicht!
Sprachwahl
ENGLISH
FRANÇAIS
DEUTSCH
Bezahlung
Karte
Münzen
Abbuchung
Anforderung
Löschen
Parkschein
Parkschein entnehmen und von außen gut lesbar hinter die Windschutzscheibe legen.

HZN

5,25

070 // UNTER DEN GRÖSSTEN STÄDTEN DEUTSCHLANDS IST KÖLN KNÖLLCHEN-CHAMPION. 220 POLITESSEN VERTEILEN PRO JAHR ETWA EINE MILLION STRAFZETTEL.

071 // Die ***erste Kinovorführung*** der deutschen Filmgeschichte fand in Köln an der heutigen Hohe Pforte statt.

072 // Eine Kölner Firma liefert Gläser und Besteck für den ***Wiener Opernball***.

073 // Der ***Grabstein*** von Ingrid Susanne Meyer am Melatenfriedhof hat die Form eines Handys.

074 // ***An einem Tag*** müssen die Mitarbeiter der Abfallwirtschaftsbetriebe die Hohe Straße ***zwölfmal reinigen***.

075 // Der Kölner Theodor von Neuhoff war als »Theodor I.« der erste und einzige ***König von Korsika***.

076 // IN KÖLN GIBT ES PRO KOPF 5,25-MAL MEHR WOHNUNGSEINBRÜCHE UND ACHTMAL MEHR MOPEDDIEBSTÄHLE ALS IN MÜNCHEN, ABER NUR 1,3-MAL SO VIELE RAUSCHGIFTDELIKTE.

077 // Der Ex-Abwehr-Chef für ***DDR-Spionage*** und spätere DDR-Überläufer Hansjoachim Tiedge war Stammgast des »Merheimer Hofs« und Mitglied des Karnevalsvereins »Die Grosse von 1823«.

078 // In Köln gibt es kein ***Restaurant*** mit drei Sternen.

079 // In der Breite Straße befindet sich ein ***Optiker-Fachgeschäft***, das »Augendübler« heißt.

080 // Linus von der ***»Linus Talentprobe«*** ist selbst bei seinem Vorgänger Udo Werner bei dessen Talentprobe am Tanzbrunnen aufgetreten.

081 // Die einzige gegenwärtig in Köln erzeugte ***Cola*** heißt »Coelna«.

082 // Bis 2007 wohnte Dr. ***Papp***, Hals-, ***Nasen***- und Ohrenarzt, in der ***Köln***str. ***111*** in Brühl.

083 // Um festzustellen, wer der Vater von Bonobo-Äffchen Bikita aus dem Kölner Zoo ist, wurde von allen männlichen Affen zum ersten Mal bei Tieren eine ***DNA-Probe*** genommen. (Der ermittelte Vater heißt Bolombo.)

084 // WÄHREND EINER KARNEVALS-SESSION FINDEN IN KÖLN 60.000 PRIVATE FEIERN STATT.

60.000

085 // WELTMARKTFÜHRER

IN »SCHOKOLADENOSTERHASEN-EINWICKELMASCHINEN« IST DIE FIRMA RASCH IN KÖLN-BICKENDORF.

Lindt
GOLDHASE

086 // Der ***Kölner Bischof Folkmar*** wurde »Poppo« gerufen.

087 // Der Sänger der kölschen Mundartband ***»Die Cöllner«*** ist Österreicher.

088 // IN DER ACHTERGASSE, EINER SEITENGASSE DER ACHTERSTRASSE, BEFINDET SICH DER EINGANG ZUM HAUS SEVERINSTRASSE 88.

---

089 // In der Achterstraße 8 wohnen ***8 Parteien***.

090 // Im ***Kölner Telefonbuch*** gibt es 13 »Köllner«.

091 // Die Infobox am ***Flughafen Köln/Bonn*** stellt einen überdimensionalen begehbaren Koffer dar, der dem Aluminium-Klassiker der Kölner Traditionsmarke »Rimowa« nachempfunden ist.

092 // Dasselbe Unternehmen aus Köln-Niehl, das die ***Aluminium-Infobox*** am Flughafen gebaut hat, lieferte auch die Stahlfassade für das höchste Gebäude der USA, das »One World Trade Center« auf Ground Zero in New York.

093 // Die 300 Jahre alte Großmutter von Shampoo in der japanischen Anime-Serie ***»Ranma 1/2«*** heißt »Cologne«.

88
AV Gas
2,2
3,1
AV Wasser
2,6
3,3
88

Kölner Senfmuseum
Historische Senfmühle Anno 1810

094 // GEGENÜBER DEM SCHOKOLADENMUSEUM GIBT ES EIN SENFMUSEUM.

095 // Am fünften ***Bayernfenster*** im Kölner Dom ist der Märtyrer ***Stephanus*** zu sehen. Der neue Dombaumeister Michael Hauck kommt aus ***Bayern*** und war zuletzt Dombaumeister am Dom St. Stephan in Passau, der dem heiligen ***Stephanus*** gewidmet ist.

096 // Die Firma Douglas brachte 1992 das ***FC-Köln-Fan-Parfüm*** »effcé Cologne« heraus.

097 // ***Köllnflocken*** kommen aus Elmshorn (Schleswig-Holstein).

098 // Der Druck »Cologne Cathedral« von ***Andy Warhol*** enthält Diamantstaub.

099 // DER TRUDE-HERR-PARK, DER NACH DER INTERPRETIN DES SONGS »ICH WILL KEINE SCHOKOLADE« BENANNT IST, LIEGT VOR DER EHEMALIGEN SCHOKOLADENFABRIK STOLLWERCK.

100 // Eine Spezialität im Café Römerpark am sogenannten Südstädter ***»Eierplätzchen«*** sind fünf verschiedene ***Omeletts***.

101 // ***Hitler, Göring und Goebbels*** waren bis 1989 Ehrenbürger von Köln.

102 // In allen Straßenbahnen der ***KVB-Flotte*** haben insgesamt 66.960 Fahrgäste Platz, in allen Bussen 25.702.

103 // Die Eintrittskarte für die ***Schlagerparty »Kölle Olé«*** am Fühlinger See kostet 9,90 Euro. Ein Liter Bier kostet 10 Euro.

104 // VOM CHLODWIGPLATZ AUS ERREICHT MAN IN SIEBEN GEHMINUTEN 20 BÄCKEREIEN.

105 // In Köln gab es den ***Vergnügungspark Tivoli***, dessen Wege und Promenaden in den Rheinauen von der Luft aus in Google Earth immer noch gut erkennbar sind.

106 // Die Lokomotive ***»Fleißiges Lieschen«***, die bis 1976 im ehemaligen Kölner Vergnügungspark »Tivoli« ausgestellt war, fährt bis heute als »Black Prince« im englischen Kent als eine der 13 kleinsten öffentlichen Dampfloks der Welt.

107 // In Köln gibt es ***ein einziges Hinweisschild***, das den Weg nach Düsseldorf zeigt, und zwar in Köln-Flittard an der Düsseldorfer Straße.

108 // Der in Köln-Dellbrück ansässige Fernsehsender ***»Dügün-TV«*** zeigt 24 Stunden Zusammenschnitte von türkischen Hochzeiten.

109 // Nach neuesten Messungen ist der Nordturm des Kölner Doms 20 Zentimeter niedriger als angenommen, der Südturm neun Zentimeter niedriger. Die ***Höhendifferenz der beiden Türme*** beträgt also nur vier Zentimeter statt wie bisher angenommen sieben Zentimeter.

110 // Die aus der Kölner ***Galerie Röpke*** gestohlene Skulptur »Topos IV« wurde einem spanischen Schrotthändler als Altmetall für 33 Euro verkauft. Ihr tatsächlicher Wert: 800.000 Euro.

111 // Beim ***30. Brückenlauf*** in Köln erreichte eine einzige Läuferin von über 3.000 Startern nicht das Ziel, weil sie sich nach einer Freundin umsah und gegen einen Laternenpfahl lief. Es war Gaby Travers, die Sprecherin des »Köln Marathons«.

112 // Die Karnevalsband ***Cat Ballou*** (»Achterbahn«) ist benannt nach der von Jane Fonda verkörperten Hauptfigur aus dem Western »Cat Ballou – Hängen sollst du in Wyoming«.

113 // AM REITERSTANDBILD KAISER FRIEDRICH WILHELMS III. AM HEUMARKT IST AUF EINEM SEITENRELIEF DAS KOMPLETTE REITERSTANDBILD IN KLEIN EIN ZWEITES MAL ABGEBILDET.

114 // Die ***Jungfrau*** des Dreigestirns 2010, René Sion, hat sieben Töchter.

115 // Ein ***Wirtshaus*** in der Salzgasse wurde im 19. Jahrhundert »En de veezehn Aaschbacke« (»Zu den vierzehn Arschbacken«) genannt, weil der Wirt sieben Töchter hatte.

116 // ***Kölns Oberbürgermeister*** ist stellvertretender Vorsitzender des Zentrums für Therapeutisches Reiten.

117 // In Köln wohnt ***je ein einziger Staatsbürger*** aus Andorra, den Bahamas, Bahrain, Grenada, Guyana, den Komoren, den Malediven, Palau und Papua-Neuguinea.

118 // ***»Ölldi sölldi sippdisa, ribbedi ribbedi knoll«*** war der Anfang von einem der ersten Karnevalslieder von ***Jupp Schmitz.***

GEGOSSEN.

119 // In der ***Weltwirtschaftskrise*** von 1928 kostete ein Kölner Stadtanzeiger 350 Millionen Mark.

120 // Dem Kölner Erfinder ***Eugen Langen*** verdanken wir sowohl den Antrieb des unsichersten als auch das sicherste Verkehrsmittel der Welt: Er war Miterfinder des Otto-Motors und entwickelte die erste Schwebebahn.

121 // Mirja Boes war eine der ***»Fabulösen Thekenschlampen«***, die 1997 mit dem ehemaligen FC-Stürmer Toni Polster den Hit »Toni, lass es polstern« sangen.

122 // »MUSON RIVER 1894« STEHT AUF DER LOK DES SCHOKO-EXPRESS DES KÖLNER SCHOKOLADENMUSEUMS.

123 // NEBEN DEM DOM ZEIGT EIN WEGWEISER IN RICHTUNG HOHE STRASSE, AUF DEM ALS ERSTES »SHOPPING« UND ERST DARUNTER »ALTSTADT« STEHT.

124 // Das ***denkmalgeschützte Haus*** in der Thielenstraße 8 hat die Toiletten auf den Balkonen.

125 // Die ***englischen Brownies*** sind Verwandte der Heinzelmännchen.

126 // Von der Kirchen-Ruine ***»Alt St. Alban«***, die dem Gedenken der Toten der Weltkriege gewidmet ist, kann man genau gegenüber auf den Eingang zum Party- und Spaß-Lokal »Wiener Steffie« sehen.

127 // Der Kölner ***Rotlichtmilieu-König*** der 60er Jahre, Anton Dumm, genannt »Dummse Tünn«, war Bodyguard von Romy Schneider.

128 // Köln ist die einzige Stadt Deutschlands, die ***vierstellige Hausnummern*** hat.

129 // BEI DER KVB FAHREN KEINE STRASSENBAHNLINIEN MIT DEN NUMMERN 2, 6, 8, 10, 11, 14 UND 17.

130 // Willy Millowitschs Vater kam aus ***Düsseldorf***.

131 // Die Interessensvertretung der Kölner Karnevalsgesellschaften, ***»Festkomitee Kölner Karneval«***, bestand in der Session 2011/2012 aus 111 Mitgliedern.

132 // Hans Lindemann, Prinz im Dreigestirn 1976, liegt am Melatenfriedhof Kopf an Kopf mit seinem Bauern Hans Burkhard aus der Karnevalsgesellschaft ***»Mer blieve zesamme«*** (»Wir bleiben zusammen«).

133 // Den ersten ***Melissengeist*** haben Karmelitermönche 1611 in einem Pariser Kloster hergestellt und nannten ihn Karmelitergeist.

134 // Seit 1997 werden in der ***Klinik Köln-Holweide*** Strampler, Schnuller, Lätzchen und Stoffgeißböcke für den FC-Nachwuchs angeboten.

135 // In ***Flönz und Blootwosch*** ist dasselbe drin. Aber Flönz wird gekocht, Blootwosch geräuchert.

136 // ***Flönz*** war ursprünglich die Bezeichnung für Wurstzipfel aller Arten und Wurstabfälle, die man als Hundefutter oder als Armeleuteessen kaufte.

137 // ***Joseph Beuys*** setzte für die Pfingsttür des Kölner Doms das Mosaik. Dabei arbeitete er seinen Rasierspiegel ein, der aber ohne sein Wissen später wieder entfernt wurde.

138 // Unter der Uni Köln gibt es bis heute einen 25 Meter langen ***Bergwerksstollen***, der mit Aufzug, Presslufthammer und Grubentelefon ausgestattet ist.

139 // IN KÖLN SIND 295 MENSCHEN ÄLTER ALS 99 JAHRE.

140 // Das europäische ***Astronautenzentrum der ESA*** steht in Porz. Dort kann man sich als Raumfahrer bewerben.

141 // Im europäischen Astronautenzentrum in Porz befindet sich Europas ***tiefstes Schwimmbecken***, das 17 mal 22 Meter groß und zehn Meter tief ist. In ihm werden unter schwerelosigkeitsähnlichen Bedingungen Außeneinsätze im All geprobt.

142 // Das ***Gloria-Theater*** in der Apostelnstraße war in den 70ern ein Pornokino.

143 // Der Künstler ***Mike Mike*** fotografierte 25 Kölnerinnen und Kölner und formte per Computersimulation daraus für eine Ausstellung das typisch »Kölsche Gesicht«.

144 // Während der Karnevalszeit werden die ***kölschen Friseure*** 204.000-mal frequentiert und erhalten dafür 8,1 Millionen Euro.

145 // 8.162 Kaffeetrinker nahmen im ***Kölner Jugendpark*** am größten »Kaffeekränzchen« der Welt teil.

146 // Würde man den ***Dom heute neu bauen*** wollen, würde das etwa 10 Milliarden Euro kosten.

147 // Im Kölschen heißt ***eine*** Frau »***en*** Frau« und ***ein*** Mann »***ene*** Mann«.

148 // Der ***»Grüne Punkt - Duales System«*** hat seinen Hauptsitz in Köln-Porz-Eil.

149 // DIE »BRAUSTELLE« IN EHRENFELD IST DIE KLEINSTE BRAUEREI KÖLNS.

---

150 // Die »Braustelle« stellt als einzige Kölner Brauerei ***Altbier*** her (Ehrenfelder Alt).

151 // Da der Name der »Gernsheimer Straße« für ***Kriminalität*** steht und viele Bewohner dieser Straße wegen ihrer Adresse keine Arbeit bekommen, will die Bezirksvertretung einen Straßenteil umbenennen.

152 // Die ***»Herrenbude«*** mit Hemden und Hosen für Männer in Ehrenfeld liegt direkt neben dem Laden ***»Rock it baby«***, der hauptsächlich Röcke für Frauen anbietet. Die »Herrenbude« leitet Achim Schmitz, »Rock it baby« seine Frau Sabine Berndt.

153 // Bis 1890 war es in Köln zu ***Weiberfastnacht*** Brauch, sich gegenseitig die Mütze vom Kopf zu reißen.

154 // ***Konrad Adenauer*** hielt zusammen mit den Gründern der Kölner Bäckerei Oebel das Patent für eine Brotsorte aus Mais, Gerste, Reis und Kleie, das »Kölner Brot«. Es wird heute noch abgewandelt in der Bäckerei Balkhausen in der Apostelnstraße gebacken.

155 // Der gebürtige rheinländische Bäcker Theodor Freiburg wollte Adenauers ***»Kölner Brot«*** 1975 in Hamburg nachbacken und »Konnys Stolz« nennen. Das wurde von Adenauers Erben verboten. Er verkaufte es leicht verändert unter dem Namen »Ägyptischer Fladen«.

156 // Köln hat die einzige ***Palmenallee*** Deutschlands.

157 // In der von deutschen Einwanderern gegründeten brasilianischen Stadt Blumenau wird nach deutschem Reinheitsgebot das ***»Eisenbahn Kölsch«*** gebraut.

158 // ***Afri-Cola und Bluna*** wurden bis 1998 in Köln-Braunsfeld hergestellt.

159 // Die Limonade ***Bluna***, die ab 1952 in Köln-Braunsfeld erzeugt wurde, erhielt ihren Namen von den Initialen der Erzeuger-Firma F. ***Blu***mhoffer ***Na***chfolger GmbH.

160 // ***I-a-Köttela*** ist im Kölschen ein Spottname für Erstklässler.

161 // ***80 Prozent*** der Kölner würden ihren Freunden empfehlen, nach Köln zu ziehen.

162 // DER ERSTE NUBBEL WURDE 1950 VOR DER SEVERINSKIRCHE VERBRANNT.

---

163 // Die Idee für das Motto der Karnevalssession 2011/2012 »Jedem Jeck sing ***Papp***nas« kam Zugführer Christoph Kuckelkorn während des Besuchs des Dreigestirns bei »Il ***Papa***« Benedikt XVI.

164 // Die Geschäftsstelle der »Traditions-Gemeinschaft ***ehemaliger*** Prinzen, Bauern und Jungfrauen des Kölner Karnevals« befindet sich in der »***Reisswolf Aktenvernichtungs GmbH***«.

165 // Der 5,5 Zentimeter ***dicke Glasboden des »Skywalk«***, einer durchsichtigen Plattform, die über den Rand des Grand Canyon hinausragt, wurde von der Firma Kinon in Köln-Porz geliefert. Astronaut Buzz Aldrin spazierte als Erster über die Glaskonstruktion.

1950

166 // DAS HAUPTPORTAL DES KÖLNER DOMS HAT ALS EINZIGES DER NEUN PORTALE KEINEN EIGENEN NAMEN.

167 // Die ***Kölner Stadtbibliothek*** ist die einzige Zentralbibliothek einer deutschen Millionenstadt, die am Montag geschlossen hat.

168 // ***Kolumbus*** benannte elf Inseln in der Karibik, die er entdeckte, in Anlehnung an die Kölner Ursula-Legende »Santa Ursula y Las Once Mil Vírgenes« (Heilige Ursula und die 11.000 Jungfrauen), kurz: die »Jungferninseln«.

169 // Die einzigen zwei ***»Ultimate fighting«***-Veranstaltungen (»Kampf ohne Regeln«) in Deutschland fanden in Oberhausen und in der Kölner LANXESS arena statt.

170 // Köln heißt auf Niederländisch ***»Keulen«***.

171 // Rund 39 Millionen Euro investiert die Stadt jährlich in die reguläre ***Straßenreinigung***, dazu kommen noch einmal etwa zehn Millionen für zusätzliche Reinigungsleistungen.

172 // Die Mitarbeiter der Kölner Straßenreinigung legen mit über 200 Fahrzeugen und Geräten ***412 Millionen Meter pro Jahr*** zurück.

173 // Der Neuehrenfelder Club »Pascha« war das erste ***Hochhausbordell*** Europas.

174 // BLÄCK-FÖÖSS-SÄNGER »KAFI« BIERMANN IST WESTFALE.

175 // Bärbel aus dem ***Hänneschen-Theater*** ist mal die Verlobte, mal die Schwester von Hänneschen.

176 // Der ***1. FC Köln*** hat bundesweit 2,47 Millionen Sympathisanten.

177 // IN KÖLN GIBT ES EINEN SHANTY-CHOR.

178 // 62 Prozent der weiblichen Mitglieder eines Internet-***Seitensprungportals***, die aus dem Raum Düsseldorf kommen, wünschen sich eine Affäre mit einem Mann aus Köln. Aber nur zehn Prozent der weiblichen Mitglieder aus Köln suchen ein Abenteuer in Düsseldorf.

179 // Das Glas einer ***Kölschstange*** ist zwischen 0,6 und 0,8 Millimeter dick.

180 // Der Stern im ***Logo des Kölner Zoos***, der das Auge des Elefanten darstellt, steht für den Stern von Bethlehem und die Heiligen Drei Könige.

181 // Dieselbe ***Designagentur***, die das Logo des Kölner Zoos entworfen hat, kreierte auch das Flaschenetikett des »Traugott Simon Kölsch«.

182 // Der einzige noch erhaltene ***Kölner Spielfilm aus der Stummfilmzeit*** ist »Der Bettler vom Kölner Dom« von 1927. Er handelt von einer internationalen Diebesbande, die es im Karnevalstrubel auf die Juwelen einer amerikanischen Millionärserbin im Hotel Excelsior am Dom abgesehen hat.

183 // Der ehemalige Geschäftsführer der »Kölner Verbund Brauereien« hieß ***Wolf-Dieter Kölsch***.

184 // Im Kölschen gibt es kein ***»pf«*** (Pferd = Päd; Pfanne = Pann; Hopfen = Hoppe).

185 // ***Tünnes und Schäl*** kann man an der Fassade des Kölner Doms finden.

186 // Der ***»Kölner Teller«*** ist eine aufklebbare und wieder abnehmbare Bodenschwelle. Kölner Teller findet man zum Beispiel an der Einfahrt zum Kölner Flughafen oder am Reichstag in Berlin.

187 // KONRAD ADENAUER ERFAND DIE SOJAWURST.

188 // Die Kampagne ***»Liebe deine Stadt«*** wurde von dem österreichischen Künstler Merlin Bauer entwickelt.

189 // Im Kölschen gibt es ***das Wort »lieben« nicht***, man sagt »leev han« (lieb haben).

190 // Seit 1982 findet auf der Kalker Hauptstraße am ***Karfreitag*** eine Prozession statt, bei der der Leidensweg Christi in italienischer Sprache aufgeführt wird.

191 // 2011 brachte Sion Kölsch die erste 0,25-Liter-Kölschflasche auf den Markt. Außerdem ist sie ***die erste Flasche ohne Etikett***. Der Schriftzug wird direkt auf die Flasche gedruckt und dann eingebrannt.

192 // Im Dom ist auf dem 1521 entstandenen niederländischen Gemälde ***»Die Anbetung der Heiligen Drei Könige«*** detailgetreu ein Kanarienvogel abgebildet.

193 // Der in Köln lebende englische Forscher William Turner überlieferte 1544 zum ersten Mal den Namen ***Kanarienvogel***.

194 // ***Kanaljevüjjelcheszüngelcheszüppche*** (»Süppchen aus den Zünglein von Kanarienvögelchen«) gilt als scherzhafter Sprachtest, ob man die Kölner Mundart beherrscht.

195 // Ein weiterer Test für das Beherrschen der Kölner Mundart: ***»Sach ens Blootwoosch!«*** (»Sag mal Blutwurst!«). Die korrekte Antwort darauf ist nicht »Blootwoosch«, sondern »Flönz«.

196 // IN »OCEAN'S ELEVEN«, »MEN IN BLACK«, »STIRB LANGSAM 4.0«, »MR. & MRS. SMITH« SOWIE IN ÜBER 250 WEITEREN INTERNATIONALEN SPIELFILMEN TRANSPORTIERTEN GANOVEN GELD IN ALUKOFFERN DER FIRMA RIMOWA AUS KÖLN.

---

197 // Galeria Kaufhof verkaufte ***1.500 Dombären von Steiff***, die in einem Beutel ein Stück Mauerwerk vom Kölner Dom haben.

198 // Der frühestmögliche Termin für den ***Aschermittwoch*** ist der 4. Februar, der spätestmögliche der 10. März.

199 // Bislang fiel in der Geschichte des ***Kölner Karnevals*** seit 1823 der Aschermittwoch nur zweimal auf den spätestmöglichen Termin, den 10. März, 1886 und 1943.

RIMOWA

200 // Die in Köln aufgestellten ***Unterflurmülleimer*** haben unterirdisch ein Fassungsvermögen von fünf Kubikmetern.

201 // In ***New York*** standen 1894 viertausend Stollwerck-Schokoladen-Automaten.

202 // IM KÖLNER DOM GIBT ES 17 DARSTELLUNGEN VON DUDELSÄCKEN.

203 // Die letzte Post des ***Luftschiffs Hindenburg*** vor der Brandkatastrophe wurde in Köln abgeliefert.

204 // Die ***Höhner*** waren die erste europäische Band, die auf der Chinesischen Mauer sang.

205 // »DA JIA YI QI LAI« BEGINNT DER REFRAIN DES HITS »VIVA COLONIA« AUF CHINESISCH, WIE IHN DIE HÖHNER BEI IHREM CHINA-BESUCH SANGEN.

206 // Im 19. Jahrhundert beschäftigten Kölner Brauhäuser ***Lohndiener***, die Stammgäste, die zu tief ins Kölschglas geschaut hatten, sicher nach Hause brachten.

207 // Die Straße »***Auf dem Berlich***« war im Mittelalter eine Schweineweide, im 15. Jahrhundert der »Strich« von Köln.

208 // In Köln wohnen ***283 Staatenlose***.

209 // Köln ist die erste Stadt Deutschlands, in der der neue ***Mobilfunkstandard LTE*** flächendeckend verfügbar ist.

TÜNNES

210 // DAS RESTAURANT, DAS SICH BIS 1992 IM TURMKORB DES COLONIUS BEFAND, BEWEGTE SICH MIT EINER UMDREHUNG IN DER STUNDE.

211 // DER NAME »COLONIUS« FÜR DEN FERNSEHTURM GING AUS EINEM NAMENSWETTBEWERB HERVOR. WEITERE VORSCHLÄGE WAREN: LANGER TÜNNES UND FUNKEMARIECHEN.

---

212 // Der Betonblock am Hohenzollernring ist das Kunstwerk ***»Ruhender Verkehr«***. Der Kölner Künstler Wolf Vostell goss 1969 seinen eigenen Opel Kapitän L, Baujahr 1964, mit dem Kennzeichen K-HM 175, der bis 1970 zugelassen war, in Beton ein.

213 // AUF DEN KLINGELSCHILDERN DES WOHNHAUSES DER FAMILIE PIEK IN DER DREIKÖNIGENSTRASSE KANN MAN DIE SELTSAMEN NAMEN »H.OBBY, P.OST, K.LAPPE, K.INDER« LESEN.

---

214 // In ***Kölsch und Alt*** stecken die gleichen Inhaltsstoffe sowie die gleichen Vitamine, Mineralien und Spurenelemente.

215 // Acht von zehn Kölner Einwohnern wissen nicht, dass die ***Eistüte auf der Neumarkt-Galerie ein Kunstwerk*** ist. Zwei von zehn halten sie für eine Werbung für das direkt darunterliegende Eiscafé in der Neumarkt-Galerie.

216 // Der Wagen der ***Gladbecker Geiselgangster*** stoppte auf ihrer Flucht 1988 in Kölns City, weil Kidnapper Hans-Jürgen Rösner den Dom noch nie gesehen hatte.

217 // Das Buch ***»Alles, was man in Köln über die Schäl Sick wissen muss«*** besteht nur aus leeren Seiten.

218 // Der langjährige ***FC-Präsident*** Peter Weiand war Miterfinder des Lotto 6 aus 49 sowie Erfinder des Spiels 77.

219 // Das ***»EigelStein«*** ist der erste Kölsch-Brauereiausschank in Düsseldorf.

H. Obby
K. Inder
J. Piek
S. Dentice di Acc.
P. Ost
Es führt drei
König Gottes
Hand mit
einem Stern
aus Morgen
land zum
Christkind
durch Jeru
salem zur
Davidsstadt
nach
Betlehem

220 // DER KÖLNER DOM WAR EINMAL DAS HÖCHSTE GEBÄUDE DER WELT – VON 1880 BIS 1884. ABGELÖST WURDE ER VOM WASHINGTON MONUMENT.

221 // Köln ist die einzige deutsche Stadt, die eine Vergnügungssteuer von Bordellen und Prostituierten, die sogenannte ***»Sexsteuer«***, eintreibt.

222 // DIE IDEE DER ALTERNATIVEN KÖLNER KARNEVALSSITZUNG »STUNKSITZUNG« ÜBERNAHMEN DIE BENSHEIMER MIT DER »BENSHEIMER STUNKSITZUNG«, DIE AACHENER MIT DER »STRUNXSITZUNG« UND DIE DÜRENER MIT DER »SKUNKSITZUNG«.

ZWEI
WITZE
1€

223 // Auf einem Glasfenster des Zyklus »Das Jüngste Gericht« im Kölner Dom ist ***»Kölle alaaf!«*** zu lesen, weil das Geld dafür von der »Domsitzung« im Karneval gesammelt wurde.

224 // Das goldene ***»Flügelauto«*** von HA Schult auf dem Stadtmuseum ist ein 6,20 Meter langer, 3,50 Meter hoher und zehn Meter breiter Ford Fiesta. Sein Gesamtgewicht beträgt vier Tonnen, allein jeder Flügel wiegt 800 Kilogramm. Es ist sturmbelastbar bis Orkanstärke 12.

225 // IN KVB-LINIEN IST DAS ESSEN NICHT PRINZIPIELL VERBOTEN. ERLAUBT IST, WAS NICHT KLECKERT UND KRÜMELT, ALSO MÜSLIRIEGEL ODER KALTE SPEISEN OHNE SAUCEN WIE EIN BUTTERBROT, UMWICKELT MIT EINER TÜTE.

226 // Sieben Prozent der Kölner ***joggen***.

227 // An der ***»Kölner Liste«*** orientieren sich Sportler, die dopingfreie Nahrungsergänzungsmittel zu sich nehmen wollen.

228 // 2011 GAB ES IM »GAFFEL AM DOM« DIE ERSTE KARNEVALSSITZUNG IM STEHEN.

229 // Der 58-jährige Hausmeister einer Schule für Sehbehinderte in der Südstadt stellte in Köln den Weltrekord im ***Schnelltapezieren*** auf. Er tapezierte eine 16 Quadratmeter große Wand in sechs Minuten 38 Sekunden mit der Raufasertapete »Erfurt«.

230 // Bei der ZDF-Aktion ***»Unsere Besten – Wer ist der größte Deutsche«*** wurde Konrad Adenauer an die erste Stelle gewählt. Auf Platz 81 landete Willy Millowitsch, auf Platz 163 Stefan Raab.

231 // Höhner-Frontmann ***Henning Krautmacher*** gewann mit seiner damaligen Band »Uss D'r Lameng« den Talentprobe-Wettbewerb am Tanzbrunnen und wurde dabei von den Höhnern entdeckt.

232 // Köln ist die Großstadt mit den ***unzufriedensten Nahverkehrs-Kunden*** in Deutschland.

233 // ***Marcel Reich-Ranicki*** sagte sein legendäres »Ich nehme diesen Preis nicht an« im Coloneum in Köln-Ossendorf.

234 // Von 2002 bis 2011 flogen ***50 Millionen Fluggäste*** mit Germanwings vom Köln/Bonner Flughafen aus.

---

235 // NACH 16 JAHREN WACHSTUM BRACHTE ES IM TROPENHAUS DES SCHOKOLADENMUSEUMS EIN KAKAOBAUM ZU VOLLER REIFE. DIE DARAUS GEWONNENEN 32 KAKAOBOHNEN WURDEN ZU ZWEI TAFELN DER ERSTEN KOMPLETT IN KÖLN ENTSTANDENEN SCHOKOLADE VERARBEITET.

236 // Deutschlands ***dickster Mann war*** mit 360 Kilogramm Rüdiger Röttgermann aus Köln-Mülheim, bevor er 150 Kilogramm abnahm und als schrille Transe »Jacky Duvall« Schlagzeilen machte.

237 // Das ***Erzbistum Köln*** nahm im Jahr 2010 brutto 705,8 Millionen Euro Kirchensteuer ein.

238 // 11,6 Prozent aller Katholiken im Erzbistum Köln nehmen regelmäßig am ***Sonntagsgottesdienst*** teil.

239 // Köln liegt 21,5 Kilometer ***Luftlinie*** näher an München als an Berlin.

240 // Die meisten Tage, in denen in ***Köln Schnee*** am Boden lag, gab es im Jahr 2010 mit 82 Schneetagen.

241 // Die Melodie des ***»U2«-Songs »White as Snow«*** basiert auf dem Adventslied »Veni, veni, Emmanuel«, das zum ersten Mal in einem Kölner Gesangsbuch von 1710 gedruckt wurde.

242 // DAS 2010 RENOVIERTE WOHNHAUS SEVERINSTRASSE 39 HAT DEN KOMPLETTEN TEXT DES KÖLNISCHEN ADVENTSLIEDS »VENI, VENI, EMMANUEL« ÜBER DREI STOCKWERKE AUF SEINER FASSADE STEHEN.

VENI, VENI ADONAI!
QUI POPULO IN SINAI
LEGEM DEDISTI VERTICE,
IN MAIESTATE GLORIAE.
GAUDE, GAUDE! EMMANUEL
NASCETUR PRO TE, ISRAEL.

243 // IM JAHR 2010 HAT DAS ORDNUNGSAMT DER STADT KÖLN 96 GEFÄHRLICHE HUNDE AUS DEM VERKEHR GEZOGEN UND IN TIERHEIMEN UNTERGEBRACHT. JÄHRLICHER KOSTENPUNKT: 135.300 EURO.

244 // Der Kölner Hans-Jürgen Kuhl gilt als ***zweitbester Dollar-Fälscher der Welt*** hinter Nordkoreas verstorbenem Diktator Kim Jong-il.

245 // »Maisel's Dampfbier« und »Max Päffgens Pfaffen Bier« sind im Grunde ***Kölsch-Biere, die nicht Kölsch genannt werden dürfen***, weil sie nicht in Köln gebraut werden.

246 // BEIM WELTJUGENDTAG 2005 IN KÖLN WURDEN AUF DER FAHRTROUTE DES PAPSTES VON DER POLIZEI 300 GULLYS MIT EINEM BITUMEN-KLEBESTREIFEN VERSIEGELT.

247 // 1431 war es in Köln bei fünf Mark Strafe ***verboten, sich zur Fastnacht zu maskieren***, denn man fürchtete Straftaten von maskierten Räubern.

248 // Die Theke der ***IceBAR im Hilton am Dom*** ist aus echtem Eis.

HIER WOHNTE
HERMANN WOLFF
JG. 1878
DEPORTIERT 1941
RIGA
TOT 31.12.1943
HIER WOHNTE
MAGDALENE WOLFF
GEB. PAGE
JG. 1890
DEPORTIERT 1941
TOT IN
RIGA
HIER WOHNTE
ALFRED WOLFF
JG. 1914
VERHAFTET 1940
SACHSENHAUSEN
DEPORTIERT
STUTTHOF
ERMORDET 6.1.1942
GROSS-ROSEN

1.777

249 // Die TV-Serien-Hauptrollen Tony DiNozzo in »Navy CIS«, Scotty Valens in »Cold Case« und Ryan Wolfe in »CSI: Miami« spricht der Kölner ***Norman Matt***.

250 // In der Station »Appellhofplatz« sind 40 ***»Kölner Köpfe«*** abgebildet. Dass nicht allen Köpfen ein Name zuzuordnen ist, ist von der Künstlergruppe Tabot Velud so gewünscht. Neben Kölner Persönlichkeiten wie Alfred Biolek, Jürgen Zeltinger, Hermann Götting, Willy Millowitsch und Pierre Littbarski sind auch unbekannte Kölner Bürger abgebildet.

251 // 1997 gab es als ***FC-Merchandisingprodukt*** den »1. FC Köln Knoblauch-Kräuter-Dip«.

252 // Das weltweit größte dezentrale Mahnmal sind die »Stolpersteine«, Gedenksteine für deportierte ***Opfer des NS-Regimes***. Sie sind eine Erfindung des Kölner Künstlers Gunter Demnig.

253 // ES SIND 1.777 STOLPERSTEINE IN KÖLNS STRASSEN EINGELASSEN.

254 // Am 4.1.1995 verlegte Demnig probeweise und ***ohne Genehmigung*** die ersten sechs Stolpersteine Deutschlands im Kölner Griechenmarktviertel vor der Bobstraße 4.

255 // WEIL KÖLN EINE »STADT DER KIRCHTÜRME« SEI UND WEIL SIE ENTDECKTEN, DASS DIE BUCHSTABEN DES ENGLISCHEN WORTS FÜR WAFFEL, »CONE«, IM WORT »COLOGNE« STECKEN, ENTSCHIEDEN SICH DIE KÜNSTLER DER SKULPTUR AUF DER NEUMARKT-GALERIE ENDGÜLTIG FÜR DIE FORM EINER EISWAFFEL.

256 // Die Straßenbahnlinie 7 Frechen – Zündorf fährt innerhalb Kölns die ***längste Strecke aller Straßenbahnen*** (22 Kilometer von Haus Vorst/Marsdorf bis Zündorf).

257 // Im Kölner Zoo befinden sich die einzigen beiden ***Philippinenkrokodile*** in einem deutschen Tierpark.

258 // Der Biologe Bruno Kremer von der Kölner Uni fand heraus, dass der Rhein in Wirklichkeit 1.230 Kilometer lang ist. Wegen eines ***Zahlendrehers*** wurde seine Länge seit den 1960ern immer mit 1.320 Kilometern angegeben.

259 // Die ***Bauzeit*** für die Verlängerung der Linie 5 zum Butzweilerhof betrug zehn Monate.

260 // Bewerber auf den Posten des ***Dombaumeisters*** müssen ein abgeschlossenes Architekturstudium, mehrjährige Berufserfahrung als Architekt und Baudenkmalpfleger vorweisen und nach Möglichkeit promoviert sein.

261 // Pro Tag gibt es in Köln dreieinhalb ***Raubüberfälle*** auf der Straße, bei denen Kleingeld oder Handys gestohlen werden.

262 // 21 Studenten sind nach siebenwöchiger Ausbildung nebenberuflich als ***Straßenbahnfahrer*** in Köln tätig. Sie dürfen nur in den Niederflurfahrzeugen der Linien 1 und 9 fahren.

263 // In ***45 Meter Höhe*** haben zwei 20 Zentimeter hohe Bäume (Salweiden) am Dom einen Ankerplatz gefunden.

264 // Das ehemalige ***Haus zum Maulbeerbaum*** stand erst in der »Sandbahn 8«, dann an der »Großen Sandkaul« und wurde schließlich an der »Kleinen Sandkaul 5« in die Fassade eines Neubaus integriert.

265 // In Köln gibt es 150 ***illegale Wettbüros***. Man kann in ihnen auf Fußballspiele wetten, was in Deutschland bei privaten Anbietern aber verboten ist.

266 // DAS »BÜTZEN« (KÜSSEN) ZU KARNEVAL KOMMT EIGENTLICH VON DEM WORT »BUTZ« (STOSS). ES IST HEUTE NOCH IN DER REDEWENDUNG »BUTZ WIDDER BUTZ« (WIE DU MIR, SO ICH DIR) GEBRÄUCHLICH.

267 // Die ***erste Schwebebahn*** der Welt fuhr in Köln auf dem Gelände der Waggon-Firma van der Zypen & Charlier zwischen Deutz und Mülheim als Versuchsstrecke.

---

268 // DIE TAFELN MIT DREISTELLIGEN ZAHLEN ENTLANG DEM RHEIN ZEIGEN DIE VOLLEN KILOMETER DES RHEINS AB DEM NULLPUNKT KONSTANZ AN. DIE TAFELN MIT DEM GROSSEN SCHWARZEN PLUS KENNZEICHNEN JEWEILS 500 METER.

269 // Auf Kölner Stadtgebiet läuft der Rhein von Rheinkilometer 671 (Godorf) ***bis Kilometer 711*** (Worringen).

270 // Die Rentnerin Käthe Atz wohnte wegen ***lebenslangen Wohnrechts*** in einer übrig gebliebenen Wohnung inmitten der Redaktionen des WDR-Funkhauses am Wallrafplatz.

271 // Bei der ***Rheinseilbahn*** beträgt der Abstand zwischen zwei Waggons 51 Meter oder 18 Sekunden.

272 // Die Rheinseilbahn hat seit Betriebsbeginn 1957 bis heute über 15 Millionen Menschen unfallfrei transportiert und gilt deshalb als ***Kölns sicherstes Verkehrsmittel***.

273 // Der urkölsche Liedermacher ***Willi Ostermann*** war kein Kölner. Er wurde 1876 in Mülheim geboren, das damals noch nicht zu Köln gehörte.

686

274 // Im Kölner ***Bordell Pascha*** befriedigte die Pornodarstellerin Lea Blow in elf Stunden 254 Männer und brach damit den in den USA aufgestellten bisherigen Weltrekord von 249 Männern in 15 Stunden.

275 // Die Frachtfluggesellschaft UPS investierte 145 Millionen Euro, um ihre ***Sortieranlage am Flughafen Köln/Bonn*** von einer Kapazität von 110.000 Paketen auf 190.000 Pakete pro Stunde zu erhöhen. Pro Tag läuft die Sortieranlage 3,5 Stunden.

276 // Der Düsseldorfer Künstler Jörg Immendorff sprayte in den 1970er Jahren ***»Köln ist ein Arschloch«*** auf die Kölner Kunsthalle.

277 // DIE KÖLNER HOHENZOLLERN-BRÜCKE IST DIE MEISTBEFAHRENE EISENBAHNBRÜCKE DEUTSCHLANDS.

278 // Der Spitzname für die Immendorfer in Rodenkirchen ist ***»Schnäggelche«*** (kleine Schweine).

279 // Ex-OB Fritz Schramma ist ehrenamtlicher ***»Kölsch-Botschafter«*** in Kärnten.

280 // Mediziner nennen die menschliche Milz das ***»4711«-Organ***, weil ihre normale Größe maximal 4 x 7 x 11 Zentimeter beträgt.

281 // Der Künstlername ***»Linus«*** des Musikers und »Talentproben«-Moderators Michael Büttgen stammt vom griechischen Männernamen Linos ab. Diesen Namen trug in der griechischen Mythologie der Musiklehrer von Herkules.

282 // ***FC-Abwehrspieler*** Christopher Schorch trägt als Glücksbringer das Foto seines Vaters unter der Sohle seines rechten Fußballschuhs.

283 // Dic ***Solarstromanlage*** auf dem Dach der Umweltorganisation der UN in Nairobi, mit der sich das Gebäude selbst mit Strom versorgt, stammt vom Kölner Unternehmen Energiebau.

284 // DER GESTALTER DES MELATEN-FRIEDHOFS, FERDINAND FRANZ WALLRAF, UND DER PFARRER, DER IHN WEIHTE, MICHAEL DUMONT, LIEGEN BEIDE AUF DEM MELATENFRIEDHOF.

285 // Köln hat Deutschlands größten ***Postkartenladen*** mit mindestens 50.000 verschiedenen Motiven.

286 // Beim Sprachtest ***»Delfin 4«***, den landesweit Kinder in Kindergärten absolvieren müssen, sind in Köln 30 Prozent der Vierjährigen durchgefallen.

287 // Die korrekte Bezeichnung für die ***Kölner U-Bahn***, die ja in Wirklichkeit eine unterirdisch fahrende Straßenbahn ist, lautete erst Unterpflasterstraßenbahn, dann Stadtbahn.

288 // Das ***WDR-Haus*** hat auf seiner südlichen Vorderfront 231 Fenster.

289 // 20.000 Kölner engagieren sich im ***offiziellen Karneval***, weitere 10.000 im alternativen.

290 // Ein im amerikanischen St. Louis gebrautes »Kölsch« heißt ***»Schlafly«***.

291 // In Köln werden pro Jahr ***15 Millionen Mal Papier-, Restmüll- und Bio-Tonnen geleert***.

292 // Einige der ***11.000 Gefährtinnen der heiligen Ursula*** hießen: Aukta, Aurelia, Cäcilia, Cordula, Eugenia, Grata, Kunera, Kunigunde, Priska, Verena.

293 // Die ***Hänneschen-Straßenbahn***, die auf den Linien 1, 7 und 9 fährt, gestaltete derselbe Maler, der auch die Tommy-Engel-Bahn geschaffen hat.

294 // Über den Dächern Kölns hängt ein preußischer Adler unter dem ***Dachstuhl des Doms***.

295 // Der ***zwei Meter hohe Adler*** mit 5,20 Meter Spannweite wurde zur Vollendungsfeier des Doms 1880 präsentiert, bei dem der preußische Kaiser Wilhelm I. anwesend war.

296 // In der Kneipe ***»Em Hähnche«*** beim Gereonskloster gibt es weder ein Hähnchen noch einen Halven Hahn auf der Speisekarte.

297 // DIREKT NEBEN DEM HAUS AM ALTER MARKT, AUF DEM DIE FIGUR DES KALLENDRESSERS DEN PASSANTEN SEIN BLANKES HINTERTEIL ZEIGT, BEFINDET SICH DAS »HAUS EHREN«.

298 // 1884 und 1887 fand der ***Rosenmontagszug*** am Karnevalssonntag statt.

299 // Der Architekt des seit 2011 in ganz Deutschland bekannten alten ***Stuttgarter Bahnhofes***, Paul Bonatz, hat in Köln neben mehreren Wohn- und Geschäftshäusern das Richmodishaus und die alte Rheinbrücke Rodenkirchen gebaut.

300 // Das Brauhaus ***»Früh am Dom«*** schenkt bis zu 60.000 Gläser Kölsch täglich ein.

301 // Max von Stephanitz beobachtete als Offizier in Köln-Deutz Hunde, die eine Schafherde dirigierten. Das war die Initialzündung zur Züchtung des ***Deutschen Schäferhundes***.

302 // In Köln werden die ersten ***CO_2-neutralen Fair-Trade-Kondome aus Naturlatex*** hergestellt.

303 // Im Karneval dürfen sich Prinz, Bauer, Jungfrau und Gefolge ins ***absolute Halteverbot*** stellen.

304 // 3.431 MITGLIEDER DER FACEBOOK-GRUPPE »SCHWARZFAHREN KÖLN« INFORMIEREN SICH GEGENSEITIG, WO GERADE KONTROLLIERT WIRD.

305 // Johnny Rivers, der ***»Kölsche Elvis«***, der als Elvis-Imitator bei Straßenfesten auftritt, war 1983 der erste Boxgegner von Ralf Rocchigiani. Er ging in der ersten Runde k. o.

306 // 1918 warb die ***Sünner-Brauerei*** erstmals mit dem Begriff »Kölsch«.

307 // Georg Simon Ohm entdeckte das nach ihm benannte ***»Grundgesetz der elektrischen Ströme«*** während seiner Zeit als Lehrer im Marzellengymnasium (heute Dreikönigsgymnasium).

3.431

LANXESS
Wir freuen uns auf Köln

Postprivatstrasse

308 // KÖLN HAT KEINEN WOLKENKRATZER. AB 150 METERN SPRICHT MAN VON EINEM WOLKENKRATZER. DAS HÖCHSTE HOCHHAUS IN KÖLN IST DER KÖLNTURM MIT 149 METERN.

309 // Der ***»Elferrat«*** bestand zu Beginn des neuen Kölner Karnevals aus 13 bis 20 Personen und hieß »Kleiner Rat«.

310 // Das ***Siebengebirgs-Haus*** am Rheinauhafen wurde so genannt, weil es vom Ring aus gesehen sieben Dachgiebel hat. Vom Rhein aus gesehen hat es neun Giebel.

311 // Bis in die 1960er Jahre fuhr vor dem Dom eine ***Straßenbahn***.

312 // Ein bekannter ***Zungenbrecher*** geht so: »So wie Kölner Kellner Kölsch kellnern können, können nur Kölner Kellner Kölsch kellnern!«

313 // DAS EINZIGE STRASSENSCHILD, AUF DEM DAS WORT »STRASSE« AUSGESCHRIEBEN UND NICHT ABGEKÜRZT IST, IST DAS VON DER POST ANGEBRACHTE SCHILD »POSTPRIVATSTRASSE« IN DER INNENSTADT.

314 // DIE WASSERTÜRME IN KÖLN UND IM HAMBURGER SCHANZENPARK SIND DIE EINZIGEN IN DEUTSCHLAND, DIE ZU HOTELS UMGEBAUT WURDEN.

---

315 // Am Wallraf-Richartz-Museum ist in großen Lettern der Name des Malers ***Rubens*** angebracht. 300 Meter entfernt in der Sternengasse 10 wohnte Rubens bis zu seinem elften Lebensjahr. 100 Meter davon entfernt liegt sein Vater Jan Rubens in der St.-Peter-Kirche begraben.

316 // Im Haus ***Sternengasse 10*** starb außerdem die verarmte französische Königin Maria von Medici als Gast der Familie Rubens, das Hänneschen-Theater wurde hier 1926 wiederbelebt, und Hermann Päffgen gründete seine erste Brauerei.

317 // Die ***Flusspferde*** des Kölner Zoos wurden mit einem Zehn-Tonnen-Schwerlaststapler FS 100 ID-500 von Beyer von ihrem alten Gehege in das neue Hippodom verfrachtet.

318 // Die ***Godorfer Hauptstraße*** endet als Sackgasse.

319 // SEIT EINFÜHRUNG DER EINGETRAGENEN GLEICHGESCHLECHTLICHEN LEBENSPARTNERSCHAFT IM JAHR 2011, HABEN SICH IN KÖLN 3.152 PAARE TRAUEN LASSEN, UND 239 HABEN SICH WIEDER GETRENNT.

3.152

320 // DIE TYPISCHE 4711-FLASCHE HEISST KROPF-MOLANUS-FLASCHE. SIE WURDE VON DEM KÖLNER DESTILLATEUR PETER HEINRICH MOLANUS ERFUNDEN

321 // Im Jahr besuchen etwa 390.000 Menschen ***städtische Bühnen***, während es 2,3 Millionen Kinobesucher gibt.

322 // Das erste ***FC-Köln-Logo*** wurde von einem »Ossi« entworfen.

323 // Köln wurde ***dreimal Millionenstadt***. Das erste Mal am 1.1.1975 durch Eingemeindungen. Wesseling verließ Köln aber wieder. Am 22.12.1991 wurde Millionenbaby Anna Lisa Memoli geboren. Die Statistiker tricksten jedoch und zählten Zweitwohnsitze mit. Ende Mai 2010 zog eine Familie zu, durch die Köln ohne Zweitwohnsitztrick Millionenstadt wurde.

324 // Das Ehepaar, das Köln mit ihrer Meldung am 5. Mai 2010 zur ***Millionenstadt*** machte, heißt Holmer und Bianca Bruhns. Er ist Verkäufer von Medizintechnik und sie Angestellte einer Krankenversicherung.

325 // Das ***RheinEnergieStadion*** wurde aus 10.230 Fertigteilen zusammengebaut.

326 // Auf der Liste der 80 deutschen Städte mit den ***meisten Verbrechen je Einwohner*** liegt Köln auf Platz fünf.

№ 4711
KÖLNISCH WASSER
ORIGINAL EAU DE COLOGNE
№ 4711
Kölnisch Wasser Fabrik
"GLOCKENGASSE № 4711"
KÖLN
immer
dabei

Libanesische Spez
Schawarma

327 // AUF DER VENLOER STRASSE/ ECKE PLATENSTRASSE STEHT EINE FUSSGÄNGERAMPEL MIT EINEM AMPELWEIBCHEN STATT EINES AMPELMÄNNCHENS.

328 // Der Dichter der ***»Heinzelmännchen zu Köln«***, August Kopisch, entdeckte die »Blaue Grotte« auf Capri, die von ihm auch diesen Namen erhielt.

329 // Auf dem Kreisverkehr Bonnerstraße/Rolandstraße haben Südstadt-Bürger direkt über dem Nord-Süd-Bahn-Schacht eine ***»Bananenrepublik«*** ausgerufen und pflanzten auf der Verkehrsinsel Bananenstauden und eine Hanf-Palme.

330 // Die Kölner erreichen auf einer ***Glücklichkeitsskala*** von 1 (wenig) bis 10 (sehr glücklich) den Durchschnittswert 6,94.

331 // Das ***Stollwerck-Sammelalbum Nr. 7*** von 1904 war das erste komplett mit Farbfotos in der damals neuen Dreifarbtechnik gedruckte Buch Deutschlands.

332 // In Köln gab es einmal ein ***Pissgässchen***. Heute heißt es Komödienstraße.

333 // Der ***nördlichste Punkt von Köln*** liegt oberhalb des Stadtteils Worringen am Bayerwerk.

334 // IM BRUNNENMOSAIK VOR DER KÖLNER OPER SIND KERAMIKSPLITTER AUS EINEM BADERAUM DER LUXUSJACHT »CHRISTINA« DES GRIECHISCHEN REEDERS ARISTOTELES ONASSIS EINGEARBEITET, IN DEM DIE OPERNDIVA MARIA CALLAS BADETE.

335 // Der *Karnevalsprinz des Jahres 2010*, Markus I., absolvierte in dem Hotel seine Ausbildung zum Hotelkaufmann, in dem das Dreigestirn seit 1972 während des Karnevals residiert, dem Intercontinental (heute »Pullman Cologne«).

336 // Der ***erste Elefant des Kölner Zoos*** starb an der Rotzkrankheit.

337 // 55 Prozent der Mitglieder der Kölner ***Karnevalsgesellschaften*** sind über 50 Jahre alt.

338 // Die 12.500 Quadratmeter große ***Glasfassade des Terminals 2*** des Flughafens Köln/Bonn wird von keiner einzigen Sprosse unterbrochen.

339 // DER SONNENVOGEL AUS METALL AN DER RHEINPROMENADE

konnte solarbetrieben seine Flügel bewegen, wofür der Künstler Odo Rumpf 1997 mit dem Europäischen Solarpreis ausgezeichnet wurde. Seit er beim Bau einer Hochwasserschutzwand kurzfristig entfernt und dabei beschädigt worden ist, kann der Vogel seine Flügel nicht mehr bewegen.

340 // Der ***Flughafen Köln/Bonn*** ist der einzige in NRW, der nachts das sogenannte Continuous Descent Approach vorschreibt. Bei diesem Gleitanflugverfahren werden die Lärmbelastung um sechs Dezibel und der Treibstoffverbrauch zwischen 150 und 500 Kilogramm pro Landung reduziert.

341 // 30 Prozent der Besucher der städtischen Kölner Museen besuchen das ***Museum Ludwig***.

342 // Der Fotograf Patrick Essex hat »den Zoch« in 1.780 Einzelbildern aus der Vogelperspektive aufgenommen. Dadurch ergibt sich ein Panoramabild von 220 Metern Länge.

343 // Der ***höchste Sieg des 1. FC Köln*** war in einem Freundschaftsspiel gegen den SSV Bornheim, das 26 : 0 ausging.

344 // DAS CAFÉ AN DER KIRCHE ST. ANTON HEISST »STANTON«.

345 // KAI ENGEL, DER KEYBOARDER DER BRINGS, IST DER SOHN VON TOMMY ENGEL, DER SEINE KARRIERE BEI DEN BLÄCK FÖÖSS BEGANN. DESSEN VATER RICHARD ENGEL WAR SÄNGER DER BELIEBTEN KÖLNER MUNDARTBAND DE VIER BOTZE (»EN D'R KAYGASS NUMMERE NULL«).

346 // »Saturn«-Gründer Fritz Waffenschmidt ließ sich seine 100 Quadratmeter große letzte Ruhestätte an der sogenannten ***Millionenallee auf dem Melatenfriedhof*** für 500.000 Euro bauen.

347 // 77 Prozent der Deutschen fällt der Dom ein, wenn sie ***Köln spontan beschreiben*** sollen. 29 Prozent denken an den Rhein und 20 Prozent an den Karneval.

348 // HANS-HORST ENGELS, DER DAS »HAUS DES KÖLNER KARNEVALS« SCHUF UND ELF JAHRE LANG PRÄSIDENT DES FESTKOMITEES WAR, WURDE AM 11.11.33 GEBOREN.

349 // Von den 20er Jahren bis nach dem Zweiten Weltkrieg spielte Kölsch im ***Kölner Biermarkt*** so gut wie keine Rolle. Kurz vor dem Zweiten Weltkrieg betrug der Produktionsanteil circa fünf Prozent.

350 // Huppet-Huh-Hoot ist ein ***kölscher Kobold***, der am Bayenturm auf Ferkeln durch den Stall ritt und Kühe und Ochsen verhexte.

351 // Der durchschnittliche Kölner Arbeitnehmer war im Jahr 2010 an 10,4 Tagen ***krankgeschrieben***.

352 // Auf Kölsch sagt man zu Rosenkohl ***»Poppeköchekäppesje«*** (Puppenküchenköhlchen).

353 // Köln hat ***1.504 Sonnenstunden*** im Jahr.

354 // NEBEN DEM STRASSENSCHILD DER »KYFFHÄUSER STRASSE« HÄNGT EIN PORTRÄT DES KUBANISCHEN REVOLUTIONÄRS CHE GUEVARA, DER EINE ZIGARRE RAUCHT.

Hans - Horst Engels
Zahnarzt
* 11.11.1933
† 14.10.2007

11.11.33

Kyffhäuserstr.

355 // DER SOLDATENANFÜHRER GEREON WURDE IN KÖLN ALS BEFEHLSVERWEIGERER HINGERICHTET. SPÄTER WURDE ER DER SCHUTZHEILIGE ALLER SOLDATEN.

356 // 50678 ist Kölns ***teuerste Postleitzahl.*** Die Durchschnittsmiete beträgt hier 11,55 Euro/Quadratmeter kalt.

357 // Es gibt ein ***»Navi op Kölsch«*** mit den Stimmen von Gigi Herr (Nichte von Trude Herr) oder Gerd Köster (Cousin von Gaby Köster).

358 // Für sein Happening ***»Fetisch Auto«*** ließ HA Schult 1989 einen als Wolke verkleideten Ford, an einem Hubschrauber hängend, um die Domspitze fliegen.

359 // Unter den zahllosen ***Figürchen im und am Kölner Dom*** findet man: das Dreigestirn, einen Veedelszoch, Funkemariechen, FC-Spieler mit Ball, FC-Maskottchen Hennes, Rauschgiftsüchtige, John F. Kennedy, Charles de Gaulle sowie Abbildungen der Dombaumeister mit Zirkel, Säge oder Handy in der Hand.

360 // DIE SÜDSTADT-GANGS VERWENDEN ALS GRAFFITI-TAG DIE »678«.

361 // DAS PUMPWERK SCHÖNHAUSER STRASSE LEUCHTET JE NACH WASSERSTAND IN EINER ANDEREN FARBE:

von Gelb (niedrig) über Blau-Grün-Töne (normal) bis zu Rot (Hochwasser). Bei einem Durchschnittswasserstand des Rheins von 3,23 Metern leuchtet es die meiste Zeit in der Farbe Mint (3–3,50 Meter).

362 // Köln ist die erste Stadt Deutschlands, in der ***Altglascontainer in moderne Litfaßsäulen*** integriert wurden.

363 // ***Der erste Auftritt der Heinzelmännchen*** in kölscher Sproch war erst 1844 in dem Karnevalslied von Johannes M. Firmenich »Dat Lehd vun da Heinzemänncher«.

364 // Zur Wiederinstandsetzungsfeier des ***ehemaligen römischen Straßenbrunnens*** unterhalb des Diözesanmuseums sprudelte echtes Kölsch aus dem Mund des steinernen Rheingottes.

365 // Sechs Prozent der Kölner ***beurteilen ihre Stadt als sauber***. 41 Prozent der Köln-Touristen empfinden Köln als saubere Stadt.

366 // Im Jahr 2010 gab es in Köln 4.996 ***Wohnungseinbrüche***, 2.417 davon bei Tag. Der Gesamtschaden betrug 64,8 Millionen Euro.

367 // In Köln sind 304.465 ***Internetadressen*** mit der Endung ».de« angemeldet.

368 // Den ***»Tsunami Club«*** gab es schon vor 2004.

369 // DIE LIEBESSCHLÖSSER AUF DER HOHENZOLLERNBRÜCKE WIEGEN ZUSAMMEN ÜBER 15 TONNEN.

15

370 // Im deutschlandweiten ***Gay-Index*** liegt Köln an dritter Stelle nach Frankfurt und Koblenz.

371 // Über 300 Mitglieder des ***Zentralen-Dombau-Vereins*** kommen aus Düsseldorf.

372 // Gibt man in Microsoft Word das Wort ***»Meschenich«*** ein, wird es rot unterwellt, und die Autokorrektur schlägt stattdessen »Mechanisch« vor.

373 // Ein altsteinzeitlicher Kernstein (Dellbrück) und ein Faustkeil (Königsforst), datiert auf etwa 100.000 v. Chr., sind die ***ältesten Spuren menschlichen Lebens im Kölner Raum***.

374 // Willi Ostermanns Lied ***»Heimweh nach Köln«*** war im Zweiten Weltkrieg verboten, weil es die Durchhaltemoral der Soldaten untergraben hätte.

375 // Pro Woche ***verfuttern die über 10.000 Tiere*** des Kölner Zoos 5.400 Kilogramm Obst und Gemüse, 900 Kilogramm Fertigfutter, 18.000 Kilogramm Heu und 800 Futtertiere wie zum Beispiel Mäuse.

376 // DER GÜNSTIGSTE MÜNZAUTOMAT KÖLNS STEHT VOR DEM HAUS SEVERINSTRASSE 57B. NACH EINWURF VON 5 CENT SPIELT EINE AFFENBAND AUS PLÜSCH.

bitte warten
5 Cent

377 // Die ***Kostüme des Dreigestirns*** kosten zwischen 4.000 und 6.000 Euro, die von den Amtsinhabern selbst bezahlt werden müssen.

378 // ***Im Dom*** gibt es 1.200 Sitz- und 2.800 Stehplätze.

379 // Das Historische Archiv in der Severinstraße war mit einer kostensparenden passiven Klimatisierung ausgestattet. Dieses »Kölner Modell« wurde weltweit in Archivbauten eingesetzt.

380 // ***»Viva Colonia«*** von den Höhnern war 2005 der Wiesn-Hit auf dem Münchner Oktoberfest.

381 // In Köln wohnen 2.486 ***Einwohner je Quadratkilometer***. Der gesamtdeutsche Durchschnitt liegt bei 229 Einwohnern pro Quadratkilometer.

382 // Pastor Terry Jones, der in den USA ***einen Koran öffentlich verbrannte,*** gründete in Köln die »Christliche Gemeinde Köln«.

383 // Der englische Reiseschriftsteller Thomas Coryat beschrieb im 17. Jahrhundert den ***Kölner Heumarkt*** als gleichrangig mit dem Markusplatz in Venedig.

384 // An jedem Tag des Jahres 2010 waren von 1.000 Kölner Arbeitnehmern ***29 krank***.

385 // Bislang wurden vier Spieler des 1. FC Köln ***zum Fußballer des Jahres*** gewählt.

386 // Die originalgroße realistische Skulptur ***»Frau mit Umhängetasche«*** im Museum Ludwig wurde drei Jahre nach ihrer Aufstellung nach einer Beschädigung vom Künstler Duane Hanson repariert und dabei optisch um drei Jahre älter gemacht.

387 // 40 Prozent der Kölner sind ***verheiratet*** und 46 Prozent ***ledig***.

388 // Der Leiter der ***Berufsfeuerwehr*** Köln hat das Autokennzeichen K-2222.

389 // Die Kölner ***Agrippina-Versicherung*** war die erste, die in Deutschland 1901 eine Kasko-Versicherung für Kfz einführte.

390 // Die ***Tanzmariechen*** der Karnevalsgesellschaft »Original Kölsche Domputzer« heißen »Staubflöckchen«.

391 // Das erste Buch des Autors von »Der Schwarm«, Frank Schätzing, war ein ***Köln-Krimi***.

392 // Der Sage nach schloss der ***Kölner Dombaumeister*** Gerhard von Ryle einen Pakt mit dem Teufel, wurde von diesem überlistet und stürzte vom Gerüst des Kölner Doms. Der Sage nach schloss der Wiener Dombaumeister Hans Puchsbaum einen ***Pakt mit dem Teufel***, wurde von diesem überlistet und stürzte vom Gerüst des Stephansdoms.

Köln

393 // In Köln galt Lachs früher als ***»Arme-Leute-Essen«***, weil der Rhein voll davon war.

394 // Der ***knallrote Kartenbus des Festkomitees*** auf dem Neumarkt ist ein englischer »Double-Decker«, Baujahr 1952, und hat schon 3,8 Millionen Kilometer auf dem Tacho. Ursprünglich war er blau lackiert und fuhr in Birmingham.

395 // ***Til Schweiger*** besuchte die Schauspielschule des Kölner Theaters »Der Keller«.

396 // ***31.346 Hunde*** sind in Köln angemeldet.

397 // MITARBEITER DES KASSEN- UND STEUERAMTES DER STADT KÖLN SUCHEN GEZIELT NACH NICHT GEMELDETEN HUNDEN, INDEM SIE VOR WOHNUNGSTÜREN BELLEN.

398 // Das ***Kinder-Dreigestirn*** legt alljährlich zur Karnevalszeit 15.000 Kilometer zurück.

399 // Das kölsche ***»Böll-Bier«*** hat nichts mit Nobelpreisträger Heinrich Böll zu tun, sondern ist eine Hommage an seinen Neffen, den Szenen-Kneipen-Wirt Clemens Böll (Chlodwig-Eck, Luxor, Alcazar).

400 // Jeder Kölner hat im Monat durchschnittlich 1.691,50 Euro für den ***privaten Konsum*** zur Verfügung.

401 // Die Kölner Innenstadt gilt als ***wärmster Ort Deutschlands*** - noch vor Freiburg im Breisgau.

402 // Der Hollywoodschauspieler ***Steve Martin*** erwarb für 850.000 Dollar ein Bild von Heinrich Campendonk, das sich als Werk der Kölner Kunstfälscherbande entpuppte.

403 // Die ***Aufklärungsquote*** der Kölner Polizei liegt bei 44,72 Prozent.

404 // Die ***Red Hot Chili Peppers*** stellten 2011 im Kölner E-Werk ihr erstes Album seit 2006 vor. Das 90-Minuten-Konzert wurde weltweit in 350 Kinos übertragen.

405 // Im ***Geburtshaus von Heinrich Böll*** befindet sich heute eine Moschee.

406 // ***Radio Köln*** hat täglich 249.000 Hörer.

407 // Der englische Dichter Samuel Taylor Coleridge, der 1798 in Köln zu Besuch war, zählte laut seinem Gedicht »Cologne« in Köln ***»72 verschiedene Arten von Gestank«***.

408 // Für den Begriff »Köln« bilden Gehörlose in der Gebärdensprache die Domtürme nach. ***Kölsche Gehörlose*** haben allerdings als Zeichen für ihre Stadt die tief sitzende Narrenkappe.

409 // Der Satz ***»In Art We Trust«*** (»Wir glauben an die Kunst«) ist auf das Dach des Kunstraums Fuhrwerkswaage in Sürth gemalt. Er soll eines Tages in einer Satellitenaufnahme von Google Earth zu sehen sein.

410 // Unter dem ***Chorgestühl*** des Doms gibt es die Skulptur einer jungen Frau, die ihrem zum Hungertod verurteilten Vater die Brust gibt.

411 // Es gibt acht männliche und vier weibliche Charaktere im ***Hänneschen-Theater***. In direkter Nachbarschaft befindet sich das Amt für Gleichstellung von Frauen und Männern.

412 // Der Kölsche Ausdruck ***»Schavu«*** für Wirsing ist ein Überbleibsel aus der französischen Besatzungszeit: Auf Französisch heißt Wirsing »chou de Savoie« (Kohl aus Savoyen).

413 // Die Initialzündung zu einem der größten deutschen Kinoerfolge, ***»Knockin' on Heaven's Door«***, wurde gelegt, als der damals unbekannte Drehbuchautor Thomas Jahn zufällig Til Schweiger in der Filmabteilung einer Kölner Buchhandlung ansprach.

414 // Die Band Hanak (»Haifischzahn«) hat die Hymne für den neu formierten Traditionsverein ***FC Viktoria Köln*** eingesungen.

415 // Das ***Funkemariechen*** hat seinen Ursprung in der Marketenderin, die früher kölnische Stadtsoldaten mit Schnaps versorgte. Daran erinnert heute noch das Fässchen, das die Mariechen am Gürtel tragen.

416 // AM 3.3.1933 WURDEN SS-TRUPPEN BEIM MARSCH DURCH DIE KÖLNER KOMMUNISTENHOCHBURG ELSASSER STRASSE AUS DEN FENSTERN MIT BLUMENTÖPFEN, FLASCHEN UND MÜLLTONNEN BEWORFEN.

---

417 // Der ***Pegelstand*** des Rheins bei Köln wird im Internet in Echtzeit übertragen.

418 // Schuhwichse wurde mit ***»Kölner Schwarz«*** gefärbt.

419 // Jährlich besuchen ungefähr genauso viele Menschen den Dom, wie die jährlichen Ausgaben für seine Erhaltungskosten hoch sind, nämlich etwa ***sechs Millionen***.

420 // Das ***Colonia-Haus*** ist mit seinen 147 Metern das höchste Wohnhaus Deutschlands.

421 // Die ***erste Eisdiele in Köln*** wurde 1925 von der italienischen Familie Campi eröffnet.

---

422 // LEONARDO DA VINCIS ABENDMAHL AUF KÖLSCH IST IN DER KNEIPE »BALTHASAR« AUF DER NEUSSER STRASSE ALS DREITEILIGES BILD ZU SEHEN. STATT JESUS MIT DEN APOSTELN SIND DER WIRT, DESSEN TOCHTER, DER KÖBES SOWIE STAMMGÄSTE DES LOKALS ABGEBILDET.

Kölsch Gaffel

423 // In Köln gibt es über ***300 Glaubensgemeinschaften***.

424 // In den Anfangsjahren des Kölner Zoos war ***das Füttern der Tiere erlaubt***. Es gab sogar einen eigenen Stand, an dem »Leckerlis« verkauft wurden.

425 // 40 Prozent aller ***Kölner Einwohner*** sind in Köln geboren.

426 // Der ***Zuschauerrekord*** des 1. FC Köln bei einem Bundesligaspiel liegt bei 88.075 Zuschauern.

427 // Die Straße ***»Am Kölner Brett«*** ist nach dem Kölner Brett benannt, eine der ersten Gardinenschienen mit Rollen.

428 // AUF ZWEI ALLGEMEINÄRZTE IM KÖLNER STADTGEBIET KOMMT EINE APOTHEKE.

429 // DIE GESPRÜHTE BANANE WAR 1986 EINE KÖLNER ERFINDUNG DES KÜNSTLERS THOMAS BAUMGÄRTEL. MITTLERWEILE IST DAS MARKENZEICHEN ÜBER 4.000-MAL IN DER GANZEN WELT VERTEILT.

430 // Der ***Kölner Karneval*** erwirtschaftet jährlich rund 460 Millionen Euro.

431 // Das Gästehaus Triton auf der Aachener Straße 1147 hieß vorher ***»Hotel 1147«***.

432 // In Köln gibt es einen ***Aschenputtelweg*** (in Rondorf) und einen ***Aschenbrödelweg*** (in Dellbrück).

433 // Im ***Kölner Zoo überlebten*** 22 Tiere den Zweiten Weltkrieg.

434 // IN DIE 1970 ERNEUERTE KREUZBLUME DES DOMS IST EINE KAPSEL MIT EINER URKUNDE INTEGRIERT.

Auf ihr stehen: die Wiederaufbaugeschichte der Kreuzblume, die Namen der Mitglieder der Dombauhütte, die Arbeitslöhne und die Preise von Butter, Brot, Bier und Zigaretten des Jahres 1970 sowie eine Landkarte mit den damaligen deutschen Grenzen.

435 // 152 der 900 ***Ampeln*** in Köln sind über 25 Jahre alt. Die durchschnittliche Lebensdauer einer Ampel liegt bei 15 bis 20 Jahren.

436 // Zu Typen wie Guido Westerwelle, Jürgen Prochnow (»Das Boot«) und Tommy Lee Jones (»Men in Black«) sagt man in Köln ***»Rievkoochejeseech«*** (Reibekuchengesicht).

437 // ***Heinrich Böll*** entwickelte ein imaginäres kölsches Wappen: ein Ohr, ein Mund, die St.-Gereons-Kirche, ein halber Bischofsstab, eine Madonna, ein Versicherungsgebäude, zwei Hände (die eine die andere waschend).

438 // Schon 3.700 Jahre vor den Ubiern gab es ***die erste dörfliche Niederlassung in Köln***. Um 4.200 v. Chr. wurden Bauern und Viehzüchter aus dem Donauraum an der Venloer Straße sesshaft.

439 // Der ***erste Postmeister von Köln***, Jacob Henot, lebte im Haus zur Britzen in der Sternengasse. Die Gebäudekomplexe in der Sternengasse gehören heute der Post und der Telekom.

440 // AUF DEM MELATENFRIEDHOF GIBT ES INSGESAMT 55.540 GRABSTÄTTEN.

441 // DER SPRUCH VON GOETHE AM FASTNACHTSBRUNNEN AUF DEM JÜLICHPLATZ IST DER FÜNFTE VERS EINER GEDICHTETEN ANTWORT, DIE ER AUF EINE EINLADUNG DES FESTKOMITEES ZUM KARNEVAL SCHRIEB.

---

442 // ***Im Internet*** gibt es insgesamt 15 Webcams mit Livestream, die den Kölner Verkehr beobachten.

443 // 30 bis 50 Jahre werden die Restaurationsarbeiten an den beschädigten Werken des ***Stadtarchivs*** dauern.

444 // Die ***Bläck Fööss*** sangen 1973 unter dem Namen »Stowaways« das Titellied zur Zeichentrickserie »Wickie und die starken Männer«.

445 // ***TV-Moderator Franklin*** verbrachte für einen wohltätigen Zweck 24 Stunden in einer engen Tauchkapsel im Rhein vor dem Auenweg 173.

446 // Die Gemeinschaftsgrundschule Görlinger Zentrum durfte sich nicht nach der »Tintenherz«-Autorin »Cornelia-Funke-Schule« nennen, weil ***Schulen nur nach verstorbenen Menschen benannt werden dürfen***. Paul Maar, der Autor der »Sams-Bücher«, war 2011 persönlich bei der Umbenennung der »Förderschule Marienplatz« in »Paul-Maar-Schule« in der Altstadt-Süd zu Gast.

447 // 1985 BIS 1986

WAR DIE REITERSTATUE FRIEDRICH WILHELMS III. AM HEUMARKT AUS STYROPOR.

448 // 1999 musste der Kölner ***Antikorruptionsbeauftragte für die Baubranche*** wegen Korruption sein Amt niederlegen.

449 // In Köln hieß noch bis ins 19. Jahrhundert das Osterei ***»Poschei«***, was auf das jüdische Paschafest zurückgeht.

450 // In der Leitstelle der ***Kölner Feuerwehr*** geht pro Minute ein Notruf ein.

451 // DIE KREUZBLUMENKOPIE VOR DEM DOM WURDE ALS GAG AUFGESTELLT UND SOLLTE WIEDER ABGEBAUT WERDEN.

452 // Bis 2009 kurvte zehn Jahre lang während der Karnevalstage das ***schwul-lesbische Taxi »TUXI«*** durch die Kölner Innenstadt und warb für Safer Sex.

453 // Der Stammgast Peter Mees entwendete am Silvestertag 2004 das allerletzte von ***Kneipenlegende Hans »Lommi« Lommerzheim*** servierte Gedeck inklusive Senftopf und abgenagtem Kotelettknochen und erhielt es so für die Nachwelt.

454 // Nachdem im Krieg ***75 Prozent von Köln zerstört*** worden waren, gab es die Überlegung, Köln an einer anderen Stelle wieder aufzubauen.

455 // Ein unüberdachter Tribünenplatz beim ***Rosenmontagszug*** 2012 kostet 44 Euro, ein überdachter (am Heumarkt) 74,50 Euro.

456 // Die ***Reissdorf-Leuchtreklamefigur*** auf der Aachener Straße ist acht Sekunden lang männlich und acht Sekunden weiblich. Beide Figuren brauchen zum Leeren eines Kölschglases je 3,3 Sekunden und sind in 4,5 Sekunden »voll«.

457 // Das ***Historische Archiv der Stadt Köln*** beherbergt insgesamt 30 Regalkilometer Archivgut.

458 // Das CD-/DVD-Brennprogramm ***»Nero Burning ROM«*** ist nach Kaiser Nero benannt, der angeblich Rom niederbrennen ließ (»Nero burning Rome«). Nero war der Sohn der Gründerin Kölns, Julia Agrippina.

459 // Im Stadtgebiet innerhalb der Inneren Kanalstraße dürfen ***Neubauten*** seit 2007 nicht höher als 22,50 Meter sein.

460 // DER EINZIGE PAPST, DER DEN FÜR DEN PAPST RESERVIERTEN STUHL IM CHORGESTÜHL DES DOMS BISLANG BENUTZTE, WAR PAPST JOHANNES PAUL II. BEI SEINEM KÖLN-BESUCH 1980.

461 // Der Film ***»Feierabend einer Kölner Fabrik«***, im Mai 1896 auf dem Gelände der Schokoladenfabrik Stollwerck gedreht, ist einer der ersten Imagefilme der Filmgeschichte.

462 // Die Goldschmiedin Elisabeth Treskow gestaltete neben der ***Meisterschale des Deutschen Fußball-Bundes*** die Amtskette des Kölner Bürgermeisters.

463 // ***Harald »Toni« Schumachers Buch »Anpfiff«*** wurde in 24 Sprachen übersetzt und ist das meistverkaufte Sportbuch der Welt.

464 // ***Im 19. Jahrhundert war es verboten***, »mit einer Schiebekarre über den Neumarkt zu fahren« sowie »Koth auf einen Platz zwischen zwei bewohnten Häusern hinzufahren«.

465 // Der Kölner Dom ist die ***beliebteste Sehenswürdigkeit der Deutschen*** vor der Dresdner Frauenkirche und dem Brandenburger Tor.

466 // In Köln gibt es ***24 Krankenhäuser*** mit 7.280 Betten.

467 // In der Krippe in der ***Kirche St. Andreas*** ist einer der Heiligen Drei Könige als Chinese mit Bart und Räucherstäbchen dargestellt, weil der Pfarrer der Kirche elf Jahre Missionar in China war.

468 // ***Die beiden 50 Meter hohen Stelen***, die als Zeichen der Verbundenheit von Köln und Bonn am Anfang und am Ende der A555 stehen, sind in derselben Farbe wie Verkehrsschilder gestrichen (Rot RAL 3020).

469 // ***Gerdemie Basseng*** (1938 – 2010) war das Tanzmariechen mit den meisten Sessionen (13). Außerdem war sie die Erste, die in den 60er Jahren mit ihrem Tanzoffizier Hebefiguren ausführte, was heute Standard ist.

470 // Beim ***Kölner Brückenlauf 2011*** starteten genau 4.000 Läufer. Es gewann der Läufer mit der Nummer 4.000.

471 // In den Stadtteilen Rodenkirchen und Gremberghoven gibt es keine ***Sozialwohnungen***.

472 // Die ***öffentlichen Urinale*** am Brüsseler, Zülpicher und Chlodwigplatz sind abgewandelte Buswartehäuschen.

473 // Das Tefifon war ein in ***Köln erfundener Tonträger***, bei dem die Tonrillen nicht wie bei der Schallplatte auf einer Ebene, sondern auf einem endlosen Band angebracht waren. Es wurde von der Audiokassette verdrängt.

474 // Die ***erste elektrische Straßenbahn in Köln*** fuhr am 15. Oktober 1901 über die Ringe.

475 // In Köln gibt es zwei ***Biersommeliers***.

476 // DER TAUZIEHER VORM SCHOKOLADENMUSEUM IST DIE ERSTE FREI STEHENDE, NICHT MIT EINEM GEBÄUDETEIL VERBUNDENE PLASTIK KÖLNS UND GLEICHZEITIG DIE ERSTE, DIE KEINEN HERRSCHER DARSTELLT.

477 // Die ***Ehrengarde der Stadt Köln*** mit ihrer grün-gelben Uniform heißt im Volksmund »Spinat mit Ei«.

Imhoff
Schokoladen
museum

478 // DAS SICH DREHENDE ROTE UND GRÜNE QUADRAT IM RHEINAUHAFEN IST DIE INSTALLATION »LEUCHTTURM« DES KÖLNER KÜNSTLERS LUTZ FRITSCH. DIE ROTE SEITE STEHT FÜR BACKBORD, DIE GRÜNE FÜR STEUERBORD.

---

479 // Am ***Hänneschen-Theater*** sind die15 Puppenspieler als Angestellte auf Lebenszeit im öffentlichen Dienst angestellt.

480 // Die fünf ***Expressfahrstühle*** im KölnTriangle sind in 27 Sekunden in der 28. Etage.

481 // Kölner ***verdienen*** im Durchschnitt 34.123 Euro pro Jahr.

482 // Beginnt man bei ***Google Maps*** mit der kleinstmöglichen Ansicht auf Europa, erscheinen nach zwei Zoomstufen die Städte Stuttgart, Frankfurt a. M., Bremen, Hannover, Berlin, Dresden, Nürnberg und München. Köln erscheint nach der dritten Zoomstufe, Düsseldorf nach der vierten.

483 // Pro Stunde werden in Köln durchschnittlich ***1,11 Babys geboren***.

484 // Der spitze, tragende Betonpfeiler der ***Severinsbrücke*** soll einen Kontrapunkt zum Dom darstellen.

485 // Das Bier ***»Giesler Alt«*** war eigentlich ein Kölsch. Es war hell und obergärig und mit dem Vermerk »Orig. Kölsche Brauart« gekennzeichnet.

486 // Das ***Kölner Ei*** wird zur Vibrationsdämmung in Straßenbahntunneln eingesetzt.

487 // »Ich war noch nie in Köln oder Mainz«, singt die Band ***»The Farmers«*** aus Breisach am Rhein in einem ihrer Karnevalslieder.

488 // Die siebte Etage des Kölner Laufhauses »Pascha« ist ausschließlich ***transsexuellen Prostituierten*** vorbehalten.

489 // Der ***Severinskirchplatz*** schrieb Fernsehgeschichte, als 1997 Herbert Feuersteins zwölfstündige Livesendung »Feuersteins Nacht« rund um den Platz gedreht wurde.

490 // In der Straße ***»Im Sionstal«*** schenkt von vier Lokalen nur eines Sion-Kölsch aus.

491 // SEIT DEM MITTELALTER GILT IN KÖLN: WER DEN BAYENTURM HAT, HAT DIE MACHT. IM BAYENTURM BEFINDET SICH HEUTE DIE REDAKTION DER VON ALICE SCHWARZER GEGRÜNDETEN FRAUENZEITSCHRIFT EMMA.

---

492 // Ein Tochterunternehmen der ***kölnischen Firma Felten & Guillaume*** lieferte die 800 Kilometer Kabel für die Telefonleitung zwischen Europa und den USA.

493 // Die Gebeine des ***ermordeten Kölner Erzbischofs Engelbert I.*** werden in der Kölner Domschatzkammer aufbewahrt. Sein Herz befindet sich im Altenberger Dom, ein Finger in der Kirche St. Engelbert in Solingen, ein Teil seines Unterarms in der St.-Engelbert-Pfarrgemeinde in Gevelsberg.

494 // Auf jeden ***Allgemeinarzt*** kommen in Köln 1.879 Einwohner, auf jeden Zahnarzt 1.343 und auf jede Apotheke 3.702 Kölner.

495 // Die ehemalige ***»Kaiserglocke«*** des Kölner Doms wurde aus 22 in Frankreich erbeuteten Kanonen gefertigt. Später wurde sie wieder als Kriegsmaterial eingezogen – und zu Geschützen umgegossen.

496 // Die Idee zu den ***Narrenkappen*** im Kölner Karneval hatte ein preußischer Major.

497 // REWE wurde am 1.1.1927 als ***RE**visionsverband der* ***WE**stkauf-Genossenschaften in der Jakordenstraße 1 im Kunibertsviertel gegründet.

498 // ***400 Millionen Menschen*** sahen weltweit das Europapokal-Halbfinale zwischen Nottingham Forrest und dem 1. FC Köln am 11.4.1979 im Fernsehen. Nur in Deutschland wurde das Match nicht übertragen.

499 // Früher galt streng genommen nur als ***echter Kölner***, wer in dritter Generation in Köln geboren wurde. Alle anderen waren Imis (= imitierende Kölner = Zugezogene).

500 // Bis 1999 gab es ein ***Waschmittel*** der Firma Henkel, das »IMI« hieß.

501 // In der Grabstätte der Familie Hummerich auf dem Südfriedhof ***versteckte die Stadt Köln*** 1944 bis 1945 Bargeld und Schätze vor den anrückenden US-Truppen.

502 // ***»4711«*** reimt sich auf Englisch: forty-seven-eleven.

503 // ***Das erste Dreigestirn nach dem Krieg*** wurde in einem Zirkus proklamiert.

504 // Die ***Straßenbahnlinien*** 9 und 18 haben Königsforst und Thielenbruch als ihre Fahrziele angegeben, obwohl es gar keine Stadtteile mit diesen Namen gibt.

505 // Die US-amerikanische Stadt ***Cologne in Minnesota*** wurde von deutschen Auswanderern im Jahr 1880 nach Köln benannt.

506 // Auf der Zugspitze stand ein ***Süßigkeitenautomat*** der Firma Stollwerck.

507 // Die New York Times listete in ihrem Artikel »44 Places to Go in 2009« ***Köln auf Platz 30*** der fesselndsten Orte der Welt.

508 // Das ***3-D-Puzzle*** des Kölner Doms aus bedrucktem Schaumstoff von MB hat 704 Teile.

509 // Fast jeder dritte Kölner über zehn Jahren hört einmal täglich ***Radio Köln***.

510 // ***Fluggastkontrolleure*** am Flughafen Köln/Bonn dürfen wegen der Verletzungsgefahr für die Passagiere ihre Fingernägel nur in einer maximalen Länge von 0,5 Zentimetern über der Fingerkuppe tragen.

511 // Das ***Gefälle des Rheins*** beträgt in Köln 0,2 Promille.

512 // Eine durchschnittliche deutsche Frau (1,65 m; 67 kg) hat nach ***zwei Gläsern Kölsch*** etwa 0,2 Promille.

513 // DIE SCHILDERGASSE IST DIE MEISTBESUCHTE EINKAUFSSTRASSE DEUTSCHLANDS MIT 14.265 PASSANTEN IN DER STUNDE.

514 // Der ***Taxistand*** am Chlodwigplatz hat die Nummer 001.

515 // ***Boris Jelzin*** war der letzte offizielle Staatsgast, der auf dem Regierungsflughafen Köln/Bonn in Porz-Wahn landete.

516 // ***Neukölln*** ist Partnerstadt von Köln.

517 // 2003 GAB KÖLNS POLIZEIPRÄSIDENT DIE DEVISE AUS, KÖLN IM JAHR 2010 ZUR SICHERSTEN MILLIONENSTADT DEUTSCHLANDS ZU MACHEN. 2010 GAB ES IN MÜNCHEN 7.684 STRAFTATEN, IN KÖLN 13.694 STRAFTATEN JE 100.000 BÜRGER.

518 // ***Auf gepolsterten Sitzen der KVB-Busse*** ist ein US-Kino abgebildet, auf dem man (meist in Spiegelschrift) lesen kann: »Kay Francis in STRANDED with George Brent, Patricia Ellis«. Kay Francis war einer der größten weiblichen Hollywoodstars der 30er Jahre, den Film »Stranded« drehte sie 1935.

519 // Jürgen Roters hat als Regierungspräsident 2001 die erste ***gleichgeschlechtliche Lebenspartnerschaft*** in Köln geschlossen. 2009 trat er bei der OB-Wahl in Köln gegen zwei schwule Kandidaten von CDU und FDP an.

520 // Vom ***Süden bis zum Norden Kölns*** wandert man bei konstanter Geschwindigkeit (von 5 km/h) etwa 5,6 Stunden.

521 // ***»Der Kölsch«*** sagt man in der Schweiz zu einem zweifarbigen Baumwollstoff mit Würfelmuster.

522 // ***Bis zur Domspitze*** sind 533 Stufen zu steigen.

523 // Als Kölner Schneider für die alte Fastnachtsfigur des ***»Ähzebär«*** (Erbsenbär), in dem der Maskierte in einem Fell aus Erbsenstroh steckt, statt Stroh Stofffetzen verwendeten, wurde der Lappenclown erfunden.

524 // Das beim ***Einsturz des Stadtarchivs*** geborgene nasse Archivmaterial wurde sofort nach der Bergung bei minus 22 Grad schockgefroren.

525 // In der Stadt Köln gibt es ***120 landwirtschaftliche Betriebe***.

526 // DIREKT NEBEN DEM SCHOKOLADENMUSEUM STEHT DER MALAKOFFTURM. DIE MALAKOFFTORTE IST EINE BEKANNTE ÖSTERREICHISCHE SÜSSSPEISE (IN DEUTSCHLAND ALS »CHARLOTTE MALAKOFF« BEKANNT).

527 // Im Februar 1803 wird in ***Köln die letzte Hinrichtung*** am Räuber Mathias Weber, genannt der Fetzer, auf dem Kölner Domhof vollstreckt.

528 // Wer in der Marzellenstraße beim Bahnhof parkt, zahlt bei geringfügiger ***Parkzeitüberschreitung*** fünf Euro Strafgebühr. Wer um die Ecke auf dem bahneigenen Bahnhofsvorplatz parkt, muss bei einer einminütigen Überschreitung 42,20 Euro zahlen.

529 // Das ***alte Elefantenhaus*** im Zoo war ursprünglich für Giraffen und Antilopen geplant.

530 // Die ***»Europäerin des Jahres 2011«*** ist die Gynäkologin Dr. Monika Hauser, die in Köln die Frauenhilfsorganisation »medica mondiale« gegründet hat.

531 // ***Erdoğan Atalay***, der Darsteller des türkischen »Alarm für Cobra 11«-Kommissars Semir Gerkhan aus Köln-Kalk, kann kein Türkisch.

532 // DAS PENTHOUSE IN DER OBERSTEN ETAGE DES KRANHAUSES AM RHEINAUHAFEN KOSTETE 1,9 MILLIONEN EURO.

533 // Das ***Millowitsch Theater*** hat als Puppentheater begonnen.

534 // Der ***Schokobrunnen*** im Schokoladenmuseum ist drei Meter hoch.

535 // In Köln beginnen 248 ***Straßennamen*** mit »Am« (von »Am Ackerrain« bis »Am Zuckerberg«).

536 // In ***Stammheim*** gibt es ein Hotel für Fledermäuse. Es besteht aus Ziegelstein-Suiten für 50 Tiere, damit sie zum Überwintern nicht die risikoreiche Reise in den Süden antreten müssen.

537 // Die Fassade des neuen ***»Max-Planck-Instituts für Biologie des Alterns«*** an der Joseph-Stelzmann-Straße ist mit einer Kupfer-Messing-Legierung so gestaltet, dass sie absichtlich sichtbar altert.

538 // Die ***Wasserschutzpolizeiwache Köln*** untersteht dem Polizeipräsidium Duisburg.

539 // Ein Kölner ***Dompropst*** hieß Ketzer.

540 // JEDER KÖLNER FÄHRT IM SCHNITT 154-MAL IM JAHR MIT DER STRASSENBAHN UND 50-MAL MIT DEM BUS.

154

541 // IM SEHR KURZEN »SEIDMACHERINNENGÄSSCHEN« BEIM HEUMARKT GIBT ES DREI UNTERSCHIEDLICHE STRASSENSCHILDER: »SEIDMACHERINNENGÄSSCHEN«, »SEIDMACHERGAESSCHEN« UND »UNTER SEIDMACHER«.

542 // Das ***»Klein Köln«*** war die erste Gaststätte mit Tages- und Nachtkonzession.

543 // Das »Klein Köln« war offizielles ***Wiege-Lokal***. Vor Profi-Boxkämpfen in der Sporthalle oder den Sartory-Sälen stellten die Boxer sich im »Klein Köln« auf die Waage.

544 // Gegenüber dem »Klein Köln« stand früher der Vergnügungspalast ***»Groß Köln«***.

545 // Nur Gaffel, Sünner und Reissdorf ***exportieren Kölsch*** in die USA. Gaffel kann man in Übersee auch vom Fass bekommen, Sünner und Reissdorf nur in Flaschen.

546 // Das Polizeipräsidium Köln befindet sich am ***Walter-Pauli-Ring*** in Köln-Kalk. Es ist deutschlandweit die erste Straße, die nach einem im Dienst erschossenen Polizeibeamten benannt wurde.

547 // In der Innenstadt wohnen in rund 82.300 Haushalten rund 2.000 ***Alleinerziehende***. In Mülheim kommen auf 72.300 Haushalte 4.000 Alleinerziehende.

Seidmacherinnengäßchen

Unter Seidmacher

SEIDMACHER
GAESSCHEN

548 // Die Feuerwehr hat in Köln 74 ***Löschfahrzeuge*** zur Verfügung.

549 // Unter dem ***Oberlandesgericht*** am Reichenspergerplatz befindet sich ein Röhrenbunker aus dem Zweiten Weltkrieg für 160 Personen, der bis hin zu den Glühbirnen baulich noch vollständig erhalten ist.

550 // 38.857 Tonnen ***Sperrmüll*** lieferten die Kölner im Jahr 2010 bei den Abfall-Centern ab.

551 // Köln war die ***erste römische Kolonie***, die nach einer Frau (Julia Agrippina) benannt wurde.

552 // In Köln gibt es eine ***Von-der-Leyen-Straße***.

553 // In Köln gibt es im Jahr 960 ***Fehlalarme*** durch Brandmeldeanlagen.

554 // Die ***Severinsbrücke*** ist die erste Brücke Kölns, die einen Personenaufzug bekommt. Er führt zum Rheinauhafen.

555 // 56 Millionen Menschen in Deutschland kennen den ***1. FC Köln***.

556 // 5.000 ARBEITSPLÄTZE SIND DIREKT AN DEN KÖLNER KARNEVAL GEKOPPELT.

5.000

1999

557 // DAS BÜRGERHAUS STOLLWERCK GEHÖRTE GAR NICHT ZUR SCHOKOLADENFABRIK STOLLWERCK, SONDERN WAR EIN PREUSSISCHES PROVIANTMAGAZIN.

558 // Die ***Kreuzblumenkopie*** vor dem Dom ist im Gegensatz zu den echten Kreuzblumen nicht aus Naturstein, sondern aus Beton, und wiegt statt 46 nur 35 Tonnen.

559 // In den 20er Jahren waren die bettelarmen Rodenkirchener als ***»Hungsfresser«*** (Hundefresser) verschrien.

560 // Der durchschnittliche Besucher des ***Wallraf-Richartz-Museums*** ist eine 52 Jahre alte Frau mit abgeschlossenem Studium, die in Begleitung kommt und 100 Minuten im Museum bleibt.

561 // Die Kölner Traditions-Bäckerei ***»Newzella«*** gehört der Familie ***Newrzella***.

562 // Das ***älteste Einzelhandelsgeschäft*** der Stadt ist Messing Müller auf der Minoritenstraße.

563 // PRÄSIDENT BILL CLINTON SAGTE LAUT EXPRESS BEI SEINEM KÖLN-BESUCH 1999 IM LOKAL »ZUR MALZMÜHLE«: »ICH BIN EIN KÖLSCH!«

564 // KÖLN BESITZT 9.600 BAU- UND NATURDENKMÄLER.

565 // Auf der ***Denkmalliste*** des Stadtkonservators stehen auch vier Kioske und drei Tankstellen.

566 // Im ***Beschwerdeausschuss*** der Stadt Köln forderte eine Frau, den Karneval abzuschaffen.

567 // Das ***Millowitsch Theater*** hat die kölsche Sprache aus seinen Theaterstücken verbannt.

568 // In dem 1 Minute 14 Sekunden langen Song ***»In Köln und dann in meinem Zimmer«*** der Hamburger Indie-Rock-Band Tomte kommt das Wort Köln gar nicht vor.

569 // Die Sendung ***»Kölner Treff«*** war eine der ersten Talkshows, in denen nicht nur Prominente, sondern auch Privatpersonen zu Wort kamen.

570 // Der erste Rosenmontagszug, der im ***Fernsehen*** übertragen wurde, war der Kölner Zug 1953. Er hatte das Motto »Kölsch ***Theater***«.

571 // 2011 gab es 417.060 in Köln gemeldete ***Privat-Pkw***.

9.600

EU?

572 // DAS KÖLNER WAPPEN WURDE FRÜHER MIT GAR KEINEN ODER BELIEBIG VIELEN TRÄNEN (VON 5 BIS 37) DARGESTELLT. ERST SEIT 1645 IST DIE ZAHL AUF ELF TRÄNEN FESTGELEGT.

573 // Auf dem Haus auf der Venloer Straße 280 ist das Kölner Wappen mit elf Tränen, aber ***ohne die drei Kronen*** abgebildet.

574 // Das seltene ***Stollwerck-Postkartensammelalbum*** von 1902 mit 144 Karten besitzt heute einen Wert von 7.000 Euro.

575 // In der Deutschland-Ausgabe von ***Monopoly*** befindet sich der Kölner Dom da, wo im klassischen Monopoly die Berliner Straße war.

576 // In der Severinstraße ist seit dem ***Stadtarchiveinsturz*** der Umsatz der Geschäftsleute bis zu 80 Prozent eingebrochen.

577 // 1993 wurde bei der Kölner ***Stunksitzung*** ein Kruzifix mit der Aufschrift »Tünnes« statt »INRI« wegen Beschimpfung von Religionsgesellschaften polizeilich beschlagnahmt.

578 // ***»Die Karawane zieht weiter«*** von den Höhnern entwickelte sich aus dem Gaga-Song »Dun mer ne Klore«, den die Kölschblues-Sängerin Martina Neschen für ihren Frauenchor in Anlehnung an afrikanische Lieder geschrieben hatte.

579 // Im Kölner Stadtgebiet gibt es 1.650 ***Parkscheinautomaten***.

580 // 76.000 BÄUME WACHSEN ENTLANG KÖLNS STRASSEN.

---

581 // Bei der 27. Internationalen ***Modellbahnausstellung*** in Sinsheim wurde ein Modell des Kölner Doms aus einer Million Legosteinen gebaut.

582 // Im 15. Jahrhundert wurden in Köln zur Fastnacht ***Ritterturniere*** abgehalten.

583 // Die Chefredakteurin von ***Radio Köln*** heißt Claudia Schall.

584 // ***Johann Adam Schall von Bell***, der am 1.5.1592 im Edelhof, Ecke Neumarkt, geboren wurde, war Großmandarin am chinesischen Hof und reformierte den chinesischen Kalender.

585 // DIE JUNGFRAU DER SESSION 1908 WURDE 1909 PRINZ KARNEVAL.

76.000

586 // Das alte kölsche Wort ***»Möhnewibbel«*** bedeutet »nervöse Unruhe alter Jungfern«.

587 // 2011 waren die ***beliebtesten Vornamen*** in Köln »Marie« und »Maximilian«.

588 // ***Literaturnobelpreisträger*** Heinrich Böll wohnte einmal in der Kleingedankstraße 20.

589 // ***Jeder Turm des Kölner Doms*** wiegt rund 23.500 Tonnen.

590 // 33 Prozent der polizeilich ermittelten ***Tatverdächtigen*** in Köln sind Nichtdeutsche, 67 Prozent sind Deutsche.

591 // AN DEN 67 ANTIK GESTALTETEN STRASSENLATERNEN ZWISCHEN SALIERRING UND UBIERRING HÄNGEN INSGESAMT 134 EISERNE KÖLN-WAPPEN. 24 DAVON WURDEN VON SOUVENIRJÄGERN ABGESCHRAUBT.

134

592 // Der berühmte Entfesselungskünstler ***Harry Houdini*** wurde in Köln beschuldigt, sein Publikum zu betrügen. Er klagte wegen Verleumdung und gewann den Prozess, weil er sich vor den Augen des Kölner Richters von Polizeihandschellen befreite.

593 // In der Südstadt wohnen und arbeiten die Künstler ***»Amaretto« und »Gorgonzola«***.

594 // Beim Bau der Wagen und Großfiguren für den ***Rosenmontagszug*** werden 1.800 Kilogramm Nägel und Schrauben sowie 1.000 Kilogramm Farbe verbraucht.

595 // In der Saison 1949/50 ***verdiente ein Spieler des 1. FC Köln*** maximal 320 DM im Monat.

596 // Der Kölner Dom war zweimal auf einer ***2-Euro-Gedenkmünze***. Die vatikanische 2-Euro-Münze mit dem Kölner Dom anlässlich des Weltjugendtages in Köln 2005 wurde 100.000-mal geprägt. Vom deutschen 2-Euro-Stück mit dem Dom der Bundesländerserie 2011 wurden 30 Millionen geprägt.

597 // Das ***Allianz-Gebäude*** am Kaiser-Wilhelm-Ring diente nach dem Krieg zehn Jahre lang als Rathaus.

598 // In Köln regnet es durchschnittlich an 180 Tagen. Insgesamt fallen im Jahr ***etwa 804 Liter Regen*** pro Quadratmeter vom Himmel.

599 // Mitten im Dom, im Strebepfeiler F 12, ist eine ***Klause mit Bett und Fernsehanschluss*** eingerichtet, in der über 30 Jahre lang der Franziskanerbruder und Kustos der Domsakristei, Bruder Angelicus, wohnte.

600 // BEI »MEISTER BOCK« AM HAUPTBAHNHOF WERDEN AN EINEM GUTEN TAG BIS ZU 3.000 WÜRSTE VERKAUFT.

601 // Paul MacAlindin ist der Leiter des ***»Irakischen Jugendorchesters«***, das Kurden, Araber, Christen, Schiiten und Sunniten musikalisch vereint. Von Köln aus probt er über Youtube und Skype mit den Musikern.

602 // Die älteste noch existierende ***Schaufensterpuppenfirma*** Europas ist die Firma Moch in Köln-Rodenkirchen. Ihr erster Großauftrag war 1910 die Ausstattung des Kölner Kaufhauses »Tietz« (heute »Galeria Kaufhof«).

603 // ***Pferdefleisch-Sauerbraten*** wurde 1858 vom Bierbrauer Johann Baptist Firmenich in seinem Lokal in der Großen Neugasse eingeführt.

604 // In Köln gibt es noch vier ***Pferdemetzger***.

605 // Früher wurden die Kölner von Leuten aus dem Bergischen als ***»Perdesser«*** (Pferdeesser) verspottet.

606 // Das außergewöhnliche Haus des Architekten Peter Neufert (1925–1999) steht am ***Zehn***pfennigshof Nr. ***9*** und heißt Haus ***X1***.

607 // Im oberbayerischen Landsberg am Lech hat sich der ***Haie-Fanclub »Out of Cologne«*** gegründet.

608 // Der ***Ebertplatz*** hatte der Reihe nach folgende Namen: Deutscher Platz am Deutschen Ring, Deutscher Platz, Platz der Republik, Adolf-Hitler-Platz, Deutscher Platz, Ebertplatz.

609 // Es stehen 24.000 ***Hydranten*** in Köln, mit deren Hilfe jährlich 200 bis 300 Brände gelöscht werden.

610 // Der Gesamtwert aller Parkanlagen, Spielplätze und Gewässer in Köln beträgt ***387 Millionen Euro***.

611 // In der Frankfurter Straße ***gibt es die meisten Hausnummern zweimal***. Ab Hausnummer 912 wird wieder rückwärts gezählt. Nach der Eingemeindung von Lind wurde die alte Nummerierung einfach belassen.

612 // Am 11.11.2011 veranstalteten Uni-Professoren aus Europa und den USA einen ***hochseriösen Kongress*** über »Karnevalsaufführungen vom Mittelalter bis heute« in der Kölner Hochschule für Musik und Tanz.

613 // ***Die Gründerin Kölns***, Julia Agrippina, wurde von ihrem Sohn, Kaiser Nero, ermordet.

614 // IN KÖLNER WOHNHÄUSERN STEHEN INSGESAMT 126.000 BLAUE UND 110.000 GELBE TONNEN SOWIE 25.000 BIOTONNEN.

615 // BEI EINEM ERDBEBEN 1992 STÜRZTE EINE 500 KILOGRAMM SCHWERE KLEINERE KREUZBLUME VOM KÖLNER DOM UND DURCHSCHLUG DAS DACH.

616 // Im Naturschutzgebiet ***Wahner Heide*** tummeln sich auf einer einzigen Wiese rund 20.000 verschiedene Tierarten.

617 // In Köln gibt es 565 ***Kindertagesstätten*** und 82 ***Senioreneinrichtungen***.

618 // Oliver Pocher, Christoph Daum, Hans Meiser, Gentleman und der Maler Gerhard Richter wohnen in ***Hahnwald***.

619 // Die Kostgasse in der Altstadt-Nord hieß früher ***Kotzgasse***.

620 // An der Stelle des »Dom Hotels« am Roncalliplatz war im Mittelalter das ***bischöfliche Gefängnis***, in dem zahlreiche Frauen als Hexen gefoltert wurden.

621 // ***Kölsch-Bier*** hat deutschlandweit einen Marktanteil von 1,7 Prozent.

622 // ALS DIE PREUSSEN NACH KÖLN KAMEN, BEZEICHNETEN SIE DEN KÖLNER KARNEVAL ALS »ANOMALISCHE, IN POLIZEILICHER HINSICHT BEDENKLICHE VOLKSLUSTBARKEIT«.

623 // Beim Stiftungsfest des Meschenicher Sportklubs wird jedes Jahr ein ***Froschkönig*** gewählt.

624 // Im ***18. Jahrhundert*** war Köln ein Kanton.

625 // Der von der französischen Besatzung aus dem Stadtgebiet gebildete ***Kanton Köln*** wurde in fünf Sektionen aufgeteilt. Ihnen wurden die Bezeichnungen Liberté, Egalité, Fraternité, Réunion und Frontière (Freiheit, Gleichheit, Brüderlichkeit, Wiedervereinigung, Grenze) gegeben.

626 // Die Anfangsbuchstaben der französischen Revolutionsformel ***»Egalité, Fraternité, Liberté«*** ergeben die karnevalistische E-L-F.

627 // BEREITS EINE WOCHE VOR KARNEVAL VERKLEIDETEN SICH IN KÖLN FRÜHER NONNEN UND BRÜDER UND FEIERTEN INNERHALB IHRER KLOSTERMAUERN.

628 // Der Stadtbezirk ***Lindenthal*** hat mit 231.140 Quadratmetern Gesamtverkaufsfläche die meisten Geschäfte nach der Innenstadt.

629 // Die Kölner Stadtverwaltung erteilt ***jährlich 1.400 Drehgenehmigungen*** für Film- oder TV-Aufnahmen in der Stadt.

630 // IN DER RTL-SENDUNG »5 GEGEN JAUCH« VERLOR GÜNTHER JAUCH GEGEN 5 KÖLNER KÖBESSE.

631 // ***Kölnisch Wasser*** wurde vom italienischen Apotheker Giovanni Paolo Feminis erfunden, der in Köln ein »Aqua mirabilis« (Wunderwasser) herstellte. Johann Maria Farina erfuhr von ihm das Rezept und führte sein Geschäft fort.

632 // In Köln leben insgesamt ***181 verschiedene Nationalitäten***.

633 // Kölner sind die ***größten Optimisten in Deutschland***, 43 Prozent sehen die Zukunft Deutschlands positiv.

634 // In der Kirche ***St. Maria Lyskirchen*** sind in einer Weihnachtskrippe neben der Heiligen Familie und den Heiligen Drei Königen auch Leute aus der kölschen Nachbarschaft wie ein Matrose, ein leichtes Mädchen, ein Polizist, ein Betrunkener und ein Apotheker dargestellt.

635 // Im Miniatur-Gasthaus der ***Weihnachtskrippe*** in der Kirche St. Maria Lyskirchen gibt es Lagerbier, da sich der Düsseldorfer Künstler weigerte, Kölschbier zu malen.

636 // In Köln haben 27.424 von insgesamt 55.502 Kindern unter sechs Jahren ***ausländische Wurzeln***.

637 // In der ***Haltestelle Breslauer Platz*** der Nord-Süd Stadtbahn werden Livebilder von Kölner Sittichen beim Schlafen, Essen und bei der Paarung übertragen.

638 // Die ***Antoniterkirche*** in der Schildergasse steht auf einem Grund, der früher den Sackbrüdern gehörte.

639 // In der ***Passage am Hohenzollernring*** gibt es das erste Buchgeschäft Deutschlands, das sich auf Kochbücher spezialisiert hat. Es führt seit 1987 über 2.000 neue und gebrauchte Bücher.

640 // Ein 39.000 Jahre alter Knochen von einem Wollhaar-Nashorn wurde bei Ausgrabungen unter dem Kurt-***Hackenberg***-Platz gefunden. Er wurde zu Urzeiten von römischen Handwerkern als ***Hackbrett*** benutzt.

641 // Im Jahr 1828 waren die ***Hausnummern*** im südlichen Teil Kölns rot, im Westen weiß, im Osten blau, und im Norden grün.

642 // ***Auf die Straße spucken*** kostet in Köln 25 bis 50 Euro Strafe, Kaugummi ausspucken 35 bis 50 Euro.

643 // Bei echt kölschem ***»Himmel un Ääd«*** müssen die gekochten Kartoffeln und Äpfel vermischt werden. Bei der rheinischen Variante wird das Apfelmus getrennt zum Kartoffelbrei gereicht.

644 // Zwischen dem 31. und 42. Stock des ***KölnTurm*** im MediaPark sind zwischen Innen- und Außenfassade insgesamt 360 Strahler angebracht, die den Turm computergesteuert in einen »Lichtvorhang« verwandeln.

645 // Das Hänneschen-Theater ist die ***älteste und größte Puppenbühne*** des deutschsprachigen Raums.

646 // 1.034 Minuten dauerte der ***Bundesliga-Torlos-Rekord des 1. FC Köln*** in der Saison 2001/02. Der Defensivspezialist Thomas Cichon beendete ihn mit einem 1:1 gegen die Hertha mit seinem einzigen Bundesligator.

647 // Von den 600 Bildern des ***Graffiti-Zyklus »Kölner Totentanz«*** des Künstlers Harald Naegeli aus den 80ern ist nur noch ein Strichmännchen an der Kirche St. Cäcilien übrig, da die anderen Graffiti immer gleich von städtischen Putztrupps entfernt wurden.

648 // ***Die belgische Ortschaft Walhorn*** in der deutschsprachigen Gemeinschaft Belgiens hat die Postleitzahl 4711.

649 // Seit der ***Grundsteinlegung des Doms*** sind 25,5 Generationen vergangen.

650 // IN KÖLN DÜRFEN STRASSENMUSIKER NUR IN DEN ERSTEN 30 MINUTEN EINER VOLLEN STUNDE SPIELEN. DIE ZWEITE HALBE STUNDE DARF ÜBERHAUPT NICHT GESPIELT WERDEN. DANACH MÜSSEN SIE 200 METER WEITER WANDERN.

Beate Uhse

651 // Der ***Roncalliplatz*** ist nach dem bürgerlichen Namen von Papst Johannes XXIII. (1881–1963), Angelo Giuseppe Roncalli, benannt, der auch Namensgeber für den gleichnamigen Zirkus war.

652 // Unter der U-Bahn-Station Bahnhof Deutz/Messe gibt es einen weiteren ungenutzten ***Geisterbahnhof***.

653 // Der in Köln geborene, aber in Salzburg gestorbene Romanautor ***Heinz G. Konsalik*** wollte auf dem Melatenfriedhof beerdigt werden, in der Nähe seines Freundes Willy Millowitsch.

654 // Beamte und Angestellte der Stadt Köln hatten 355.790 ***bezahlte Überstunden*** im Jahr 2010.

655 // ***Je mehr Strasssteinchen*** eine Narrenkappe aufweist, desto höher ist die Stellung innerhalb der Karnevalsgesellschaft. Die höchste Stufe hat die Präsidentenmütze mit einem strassbesetzten »C« an der Seite.

656 // Das strassbesetzte »C« auf den ***Präsidentenmützen*** hat keine Bedeutung. Der ehemalige Ehrengarde-Präsident Hans Molitor fand ein solches »C« in einer Theaterfunduskiste und steckte es an seine Mütze. Seine Nachfolger im Präsidentenamt haben das »C« einfach übernommen, ohne zu wissen, wo es herkommt.

657 // Seit es die 700.000 Euro teure Skateranlage ***»Kap 686«*** im Rheinauhafen gibt, werden an Skater auf der Domplatte Knöllchen verteilt.

658 // Das Kölner ***Bordell*** Pascha steht in der ***Horn***straße nahe dem Bahnhof ***Nippes***. In unmittelbarer Nähe des Bordells liegen die Straßen: Liebigstraße, Hartwichstraße, Am Gleisdreieck, Innere Kanalstraße, Hans-Wild-Straße, Lämmerstraße, Herkulesstraße, Fritz-Figge-Straße.

659 // Der aus Österreich stammende Michael Freiherr von Aitzing gab in Köln die ***erste periodische Druckschrift*** heraus und war somit der Erfinder der Zeitschrift.

660 // ***Die Fläche von Köln*** passt dreimal in New York City.

661 // In Leverkusen wird die ***Kölner Straße*** zur ***Düsseldorfer Straße***.

662 // Im ***Dreikönigenschrein*** im Kölner Dom ruhen neben den Gebeinen der Heiligen Drei Könige Reliquien der Heiligen Felix und Nabor, die bei Kinderkrankheiten und bei Ohrenleiden um Hilfe angerufen wurden.

663 // Das ***Fritz-Schramma-Porträt*** des Künstlers Gerhard Richter ist das erste Foto in der Gemäldegalerie im Historischen Rathaus.

664 // Im Hintergrund des Porträts von Fritz Schramma, der wegen seiner ***Krisenpolitik*** nach dem Stadtarchiveinsturz und im Zusammenhang mit dem Bau der Messehalle in Kritik geriet, sind an einer Holzwand die Tugenden Gerechtigkeit und Bescheidenheit zu sehen.

HERBRAND'S

665 // Der Legende nach war der erste Bischof von Köln, der heilige ***Maternus***, ein Schüler von Petrus. Petrus starb um 67 n. Chr., der heilige Maternus um 328 n. Chr.

666 // ***Die meisten Privat-Pkw je 1.000 Einwohner*** sind in Hahnwald zugelassen (840), die wenigsten in der Altstadt-Süd (283).

667 // IM LOKAL »HERBRAND'S« IN EHRENFELD WAR FRÜHER DIE »WAGGONFABRIK P. HERBRAND«, DIE DIE MECHANISCHEN TEILE FÜR DIE ERSTEN ELEKTRISCHEN STRASSENBAHNEN IN DEUTSCHLAND UND ÖSTERREICH HERSTELLTE.

668 // Die Godorfer haben den Spitznamen ***»Rhingesele«*** (Rheinesel), wahrscheinlich weil sie zum Ziehen der Schiffe Esel benutzten.

669 // ***Haie-Stürmer Brett Breitkreuz*** hat ein 52 Zentimeter breites Kreuz.

670 // Kölner sind die größten ***Kanalisationsverschmutzer*** Deutschlands. Jährlich werden 6.900 Tonnen Müll durch Klo und Waschbecken entsorgt.

671 // In Köln sieht man auf Häusern noch alte zweisprachige Straßenbezeichnungen aus der ***französischen Besatzungszeit*** wie *»R(UE) de L'ECREVISSE - KREBSGASSE«, »PORTE DES COQS - HAHNENPFORTE« oder »R(UE) DE L'ARSENAL - ZEUGHAUSGAS(SE)«.*

672 // Die ***zahlreichsten Tiere*** des Kölner Zoos sind Fische.

673 // Bei Regenwetter landet im ***Klärwerk Stammheim*** eine Abwassermenge von 5.400 Badewannen pro Minute.

674 // In ***München*** gibt es zwei Kölsche Kneipen: »Coellner im Paragraph« und »Kölsch - die Partybar«.

675 // 76 Prozent aller ***Kölner Bürgermeister*** des 17. und 18. Jahrhunderts waren Söhne oder Schwiegersöhne von Bürgermeistern oder Ratsherren.

676 // Es gibt im Köln ***74 REWE- und 13 KAISER'S-Märkte***.

677 // Würde man alle Einwohner Kölns ***Schulter an Schulter nebeneinanderstellen***, ergäbe das eine Luftlinienstrecke von Köln nach Paris.

678 // In der Straße ***»Am Schokoladenmuseum«*** steht nur das Schokoladenmuseum. Trotzdem hat es die Nummer 1a. Es wurde einfach die Nummer der alten Adresse »Rheinaustraße 1a« übernommen.

679 // Im Dom ist am ersten Fenster rechts des Haupteingangs der ***Planet Saturn*** abgebildet. Er symbolisiert den Gründer der Elektro-Kette »Saturn«, Fritz Waffenschmidt, der das Fenster zu seinem 55. Hochzeitstag spendete.

680 // ***Düsseldorf*** wird um 1135 zum ersten Mal in der Geschichte erwähnt, als ein Kölner Bürger ein Haus in Düsseldorf kauft.

681 // Im Jahr werden in Köln etwa ***100 Handtaschen*** geraubt.

682 // Ein kölscher ***Zungenbrecher*** lautet: *»Däm Tring sing Ühm hät Ping aan de Zäng, dröm schläch Schäng däm sing Zäng uss sing Klötsch in sing Häng.«* (»Katharinas Onkel hat Zahnschmerzen, darum schlägt ihm Johann die Zähne aus seinem Maul in seine Hände.«)

683 // Die ***Grundsteinlegung*** des Kölner Doms war an Maria Himmelfahrt.

684 // Die ***»teuersten« Tierpatenschaften*** im Kölner Zoo sind für einen Elefanten (5.000 Euro), ein Spitzmaulnashorn (4.000 Euro) und für ein Flusspferd (3.000 Euro).

685 // Die ***längste Karnevalssession*** dieses Jahrhunderts ist im Jahr 2038 (Aschermittwoch am 10. März).

686 // Bis zum Beginn des 20. Jahrhunderts stammten fast alle ***Rodenkirchener*** aus einer der zwölf Großfamilien des Ortes.

2.500.000

687 // Die ***»Kölner Platte«*** ist eine extra für Köln entwickelte, mit Natursteinsplitt veredelte Standard-Betonplatte, die für alle Gehwege verwendet werden soll.

688 // Im amerikanischen »World Beer Cup« gibt es eine Kategorie ***»German-Style Kölsch/Köln-Style Kölsch«***.

689 // Seit Bestehen des ***»World Beer Cup«*** 1996 haben in dieser Kategorie 14 US-amerikanische, fünf japanische und zwei deutsche Kölsch-Marken (Zunft, Gaffel) Medaillen gewonnen.

690 // Das Video des ***»DJs der guten Laune«***, Christian Horsters aus Köln, wurde auf Youtube über 4,5 Millionen Mal angeklickt.

691 // DIE STADT KÖLN GIBT FÜR POLITESSEN, FUHRPARK UND VERWALTUNG ETWA 2,5 MILLIONEN EURO MEHR AUS, ALS SIE MIT STRAFZETTELN EINNIMMT.

---

692 // Auf ***Facebook*** gibt es die Seite »Ich komme aus Köln, damit bin ich automatisch cooler als Du.«

693 // Eine Schweizer Variante von »Himmel un Ääd« heißt ***»Schnitz und Drunder«***.

694 // Willi Ostermann hat sein Lied ***»Heimweh nach Köln«*** (»Ich mööch zo Foß noh Kölle gon«) nie selbst gesungen.

695 // Die meisten Menschen, die je zu einem Training des FC ins RheinEnergieStadion kamen, waren 21.000, als der von Bayern ***zurückgeholte Poldi*** 2009/2010 zum ersten Mal unter dem neuen Trainergespann Soldo/Henke trainierte.

696 // Der ***Köln-Blog »anders anziehen«***, in dem kreativ gekleidete Menschen auf Kölns Straßen fotografiert werden, wurde 2010 für den Grimme Online Award nominiert.

697 // Der dritthäufigste Grund für eine ***Krankschreibung*** bei Kölner Arbeitnehmern sind psychische Erkrankungen.

1FC
KÖLN

698 // In Köln gibt es ***307 verschiedene Wanzenarten***.

699 // Auf dem Grundstück des ***heutigen Kinderdorfs in Königsforst*** befand sich früher eine Munitionsfabrik.

700 // ***Pfarrer Franz Meurer*** sammelte in der katholischen Kirche St. Theodor in Vingst-Höhenberg in der Sonntagskollekte Geld für den Bau der islamischen Moschee in Ehrenfeld.

701 // Für ***Thekenrunden*** muss das Dreigestirn in einer Session etwa 10.000 Euro ausgeben.

702 // LUKAS PODOLSKI SCHOSS SIEBENMAL DAS TOR DES MONATS ALS SPIELER DES 1. FC KÖLN.

703 // Im Jahr 2000 hat der New Yorker Künstler Serge Spitzer ***100.000 Kölschgläser*** im Inneren der Zoobrücke verteilt.

704 // Das ***Chinarestaurant*** am Hansaring 22 heißt »Lei Lei«. Der Ruf »Lei Lei« ist das Pendant zu »Alaaf« beim Villacher Fasching.

705 // 1983 landete die ***»Enterprise«*** auf dem Köln/Bonner Flughafen. So hieß ein nach der TV-Serie benanntes Space-Shuttle der NASA.

706 // Auf den Türen der Kölner ***Stadtbibliothek*** steht »trekke« (ziehen) und »däue« (drücken).

707 // ***»Colonia«*** heißt eine der erfolgreichsten kroatischen Popbands.

708 // Die Firma, die die Marke »4711« besitzt, erzeugt auch das Parfum ***»Pussy deluxe«***.

709 // ALLE AM 4.7.11 IN KÖLNS KLINIKEN GEBORENEN BABYS ERHIELTEN DUFTSTARTERSETS VON 4711. VERTEILT WURDEN SIE VON »4711«-BRANDMANAGERIN SANDRA BRINCKMANN, DIE AM SELBEN TAG GEBURTSTAG FEIERTE.

---

710 // Am 23. Juni 1963 rief ***John F. Kennedy*** vor dem Kölner Rathaus: »Kölle alaaf!«

711 // Während der jahrhundertelangen Bauzeit des Doms sagten die Kölner: ***»Wenn der Dom einmal fertig ist, geht die Welt unter.«***

4.7.11

ANDRÉ STANLY, 1970 IN WIEN GEBOREN, war als Journalist und Autor tätig. Er lebt seit acht Jahren in Köln und ist Producer der in Köln entstandenen Comedy-Serien »Ich bin Boes« und »Die Dreisten Drei«. Vor Kurzem entdeckte er, dass das erste Komik-Buch, das er als Kind in Händen hielt, ein Buch mit Witzen von Tünnes und Schäl war. Und sein erstes Lieblingslied war »Hey, hey, Wickie« (siehe Fakt 444).

MIRELA STANLY IST IN MÜNCHEN GEBOREN. Sie schrieb zahlreiche Sketche, Drehbücher und Konzepte für Radio und Fernsehen. Sie lebt seit sieben Jahren in der Domstadt. Inzwischen kann sie alle Karneval-Hits fehlerfrei mitsingen und hat sogar einen für die »Bläck Fööss« geschrieben (»Veedel noh zwölf«).